面向未来的
教育转型

鲁江 ◎ 著

中国出版集团　现代出版社

图书在版编目（CIP）数据

面向未来的教育转型 / 鲁江著. -- 北京 ： 现代出
版社，2023.10
ISBN 978-7-5231-0542-9

Ⅰ．①面… Ⅱ．①鲁… Ⅲ．①教育工作 Ⅳ．①G4

中国国家版本馆CIP数据核字(2023)第175252号

作　　者　　鲁　江
责任编辑　　张　霆

出 版 人　　乔先彪
出版发行　　现代出版社
地　　址　　北京市安定门外安华里504号
邮政编码　　100011
电　　话　　(010) 64267325
传　　真　　(010) 64245264
网　　址　　www.1980xd.com
印　　刷　　北京政采印刷服务有限公司
开　　本　　710mm×1000mm　1/16
印　　张　　12.5
字　　数　　177千字
版　　次　　2023年10月第1版　2023年10月第1次印刷
书　　号　　ISBN 978-7-5231-0542-9
定　　价　　58.00元

序 言

在30多年的教育生涯中,我一直在思考:面对高速发展且急剧转型的社会,学校教育应该如何顺应变化?我始终认为,倘若这一关键问题无法厘清和解决,教育的发展便无从谈起。为此,我开展了长达数十年的探索和实践。

20世纪90年代初,我大学毕业后,曾在西安一所高校工作7年,对青年大学生的生涯规划、价值取向、心理特征等进行了研究。1997年,在特区精神的赤诚感召下,怀着对教育纯粹理想的追求,我进入深圳高级中学工作,先后担任校团委书记、北校区主任、学生处主任等职务。此后,我有幸得到组织的信任与关怀,被多次委以重任,相继在深圳第二高级中学、深圳市教育局、深圳第二实验学校工作,先后担任校长和市教育局处长等职务。2018年9月,受明德对教育事业无比热忱的感召,年届五十的我心中再次燃起滚烫的教育创业心愿,加入全国第一所新型公办学校——深圳明德实验学校(集团)担任总校长。细细想来,我在特区这片基础教育的热土上已深耕了26年,安下了家、扎下了根,在平凡的岗位上快意地挥洒汗水、播种希望,培养了一批又一批的学子,看到他们成长成才、报效祖国、建功立业,我感受到身为人师朴素而持久的幸福。

几十年来,我国在基础教育改革事业上取得了举世瞩目的成就,而我有幸成为改革的排头兵——深圳基础教育的亲历者、参与者、见证者。诚然,我国基础教育改革取得了巨大实绩,但身处云谲波诡的"乌卡时代",面对人工智能飞速发展、整个社会结构深刻转型的现状,教育无法熟视无睹、置身事外，教育人必须拥有危机感和使命感，教育改革必须坚定地走下去，否则，一成不变、墨守成规的传统教育模式很可能被时代淘汰。在高校、高中、初中和小学不同学段，在公办、民办、公立非公办不同体制学校的工作经历，使我对各级、各类学校各自的、天然的优势和存有的问题有清晰的认识，对教育全链条、全范畴也有更为直观的体验和理解，能够站在一个较为全观的立场务实地思考面向未来的学校教育所遭遇的新挑战、转型时的种种新需求和转型后所能抵达的新样态。

本书聚焦社会转型时期学校教育的重构，传统学校向未来学校转型的路径和策略。书中集结了我近年来对于教育教学的诸多文章，较为系统地阐述了我对上述核心问题的回应和思考，希冀能为教育界同行提供些许有益参考。当然，由于时间和水平所限，本书可能尚存待斟酌之处，恳请大家指导斧正。

鲁 江

目 录

第一章　时代发展与教育变革

第一节　社会变迁与教育发展 …………………………………… 2

第二节　时代特征与生存法则 …………………………………… 5

第三节　教育趋势与变革方向 …………………………………… 15

第二章　学校转型与系统重构

第一节　从共性到个性，开发系统多维的无边界课程 ………… 20

第二节　从线下到线上，构建虚实融合的无时限课堂 ………… 27

第三节　从模式到变式，开展自主驱动的无制式教学 ………… 32

第四节　从尺度到温度，探索润物无声的无痕迹教育 ………… 43

第五节　从有形到无形，建设智能高效的无感化管理 ………… 52

第六节　从解构到重构，建设多元共治的无围墙学校 ………… 55

第三章　教育使命与学校担当

第一节　学校变革"五板斧"，打造焕然一新的教师新团队 … 60

第二节　新时期学校德育要实现四个转变 ……………………… 66

第三节　新时代城市学校劳动教育的路径探索 ………………… 71

第四节　教育转型与课程重构 ………………………………… 79

第五节　创新型人才的培养与学校变革的路径选择 ………… 87

第四章　对话反思与社会回响

第一节　移动互联网时代明德学校的责任与担当 …………… 94

第二节　相聚云端，开启一场相互赋能和教育重建之旅 …… 97

第三节　第一次握手 ……………………………………………… 99

第四节　请把明德看作人生的第一束光 ……………………… 102

第五节　一部撼动人心的教育大片 …………………………… 104

第六节　时代转型期的教育之变 ……………………………… 106

附　录

世界才是学生的教科书 ………………………………………… 114

在世界坐标上构建中国学校的新样态 ………………………… 127

让每个孩子找到自己的赛道！ ………………………………… 149

闯出办学的第三条路 …………………………………………… 156

脱离生活的教育不是真正的教育 ……………………………… 165

办一所面向未来的新型学校 …………………………………… 173

校长应该成为点燃火把的人 …………………………………… 180

第一章

时代发展与教育变革

第一节　社会变迁与教育发展

教育是伴随人类社会发展各阶段的古老而又崭新的社会现象，伴随着社会的转型和发展，教育不断发生着变革。从原始社会到农业社会、工业社会，再到信息社会和智能社会，每一次社会变迁都导致了教育的根本变化，带来教育内容、教育方式和教育条件的变革。

一、原始社会：长者为师，生活化的口传身授

原始社会既无学校教育，也无教师，但是有了教育的现象，有了生产和生活知识的传递，这种传递靠的是人们在生产劳动过程中一代代的口传身授。教育过程与生产劳动过程是统一的，可谓教育即生活，生活即教育。

二、农业社会：能者为师，正规化的私学教育

进入农业社会以后，由于生产规模的扩大和人类交流的日益频繁，教育逐渐进化为以私学为主的教育。这个时期的学校进行的是一种"向后看"的教育，学校教育的内容是人文知识及前人的价值观，特别是古代圣贤的语录和品行。较之原始社会不成体系的教育，农业社会系统、正规、有组织的学校教育无疑是一个历史性的教育变革。

三、工业社会：专者为师，标准化的学校教育

工业文明使农业社会的生产模式被打破，小农经济被轰鸣的大机器生产所替代，彻底解构了传统的家庭组织结构，培养大量的具有一定技能的劳动者成为亟须解决的问题。于是，学校出现了。教育表现出极大的规范性、制度化、集约化、标准化。学校的特征是"双基"教学、班级授课制和封闭式校园，学校教育的内容也从人文知识改变为人文知识与自然科学知识的结合，突出了自然科学知识在教育中的地位和作用。

四、信息社会：网者为师，多元化的现代教育

进入信息社会，以计算机为代表的第三次技术革命汹涌而至，新知识、新技术以几何级数激增，人类的生产生活方式发生了翻天覆地的变化，个性化、智能化模式颠覆了工业社会大规模生产模式，集约化、规模化、标准化学校模式正在失去存在的基础。特别是互联网技术打破了教育的时空边界，改变了工业社会的封闭式学校教育教学模式，学校教育走向个性化、多元化。

五、智能社会：智者为师，自动化的未来教育

1956年，麦长赛、申农等一批科学家提出了"人工智能"概念后，60多年来，人工智能正以前所未有的力量重塑着人们的生产、生活和学习方式，一个崭新的智能时代加速到来。

人工智能（Artificial Intelligence，AI）是研究、开发用于模拟、延伸和扩展人的智能的理论、方法和技术及应用系统的一门新的技术科学。人工智能不是人的智能，却能像人那样思考。有人预测人工智能未来有可能超过人的智能，并提出当人工智能超越人类智能的时候，就是"奇点临近"

（Singularity is Near）的时刻。尤其是AI+5G、AlphaGo、Alpha Fold和ChatGPT等人工智能的突破性发展，"AI+"的行业越来越多，正不断打破人类的认知，深刻改变着各行各业，影响着人们的生产生活方式。学校教育也已经进入大变革的前夜，必须跟上时代发展的步伐，加速迭代学习内容、学习资源、教学模式、治理方式、评价体系、教师角色，迈入教育的新时代。

第二节　时代特征与生存法则

一、未来社会的显著特征

我们正走向人类文明的第三个千年期，把握并理解未来世界的特征，对每个现代人都是至关重要的。未来世界究竟是什么样的？经济学家沃伦·本尼斯和伯顿·纳努斯于1985年在《领导者》一书中首次用VUCA时代来描述"冷战"结束后世界局势呈现的不稳定、不确定、复杂且形式模糊的状态，旨在解释新兴的新世界动态。后来，VUCA被人们用来描述我们所处的时代特征，即易变性（Volatility）、不确定性（Uncertainty）、复杂性（Complexity）和模糊性（Ambiguity）。

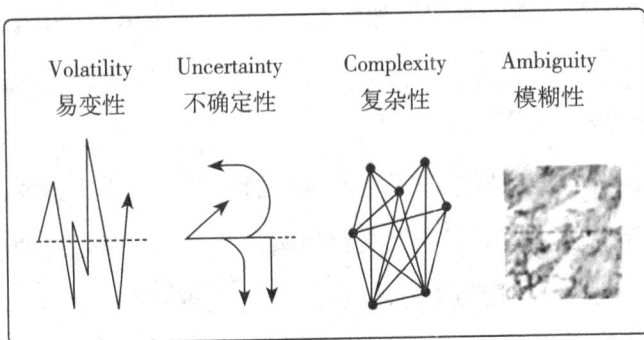

（一）易变性

易变性是指随着知识的积累和技术的不断进步，人类进入了发展的快车道，世界进入了快速变化的时代，变化成为时代的主题，其速度之快、范围之广，超出了人们的想象。正如古希腊哲学家赫拉克利特所说：唯一不变的就是变化。纵观人类文明发展历史，我们不难发现：人类从原始文明进化到农耕文明，用了20000年；从农耕文明进化到工业文明，用了2000年；从工业文明进化到信息时代，用了200年；从信息时代进化到现在的数智时代，用了20年。这组令人震撼的数字足以说明，人类文明变化与发展的进程在加快、提速。

当前，经济飞速变化，科技迅猛发展，产品快速迭代，知识推陈出新，技术不断演进，管理思潮波涛汹涌，新方法、新实践层出不穷，整个世界发生了巨变，没有人可以在变局中独善其身，人们传统的生产和生活方式正在被颠覆，适应变化成为时代的需求。

（二）不确定性

不确定性是指事物发展的随机变量，人们对于未来状态不能确定，没有人能预测未来和发展方向。1927年德国物理学家海森堡提出不确定性原理，他认为，世界的不确定性，让我们无法知道未来。当前，不确定性出现在政治、经济、社会等各个领域。

人类面临着随机性、偶然性、非线性、自发性、混沌性等新特征，处在新的历史十字路口，没有人能够预言明天。美国投资奇才索罗斯曾言："我什么都不怕，只怕不确定性。"如何在不确定的世界中寻找突围之路是人们必须解决的问题。

（三）复杂性

复杂性是指当今世界进入了空前复杂的时代，从生物系统的问题到气候问题、经济问题、政治问题、文化问题，都具备复杂系统的所有典型特征。一方面，互联网架构与运行的底层逻辑印刻着复杂的、自组织系统的基因，具有虚拟性、互动性、开放性、无界性等特点。另一方面，网络空间去中心化的链接方式颠覆了传统商业模式，互联网让地域之间无限拉近，让全世界成为一个地球村，并且创新的商业模式层出不穷。种种行业再造、升维战略、降维打击、跨界融合等让我们所处的环境由复杂到错综复杂。法国著名思想家、哲学家埃德加·莫兰在他的《复杂性理论与教育问题》一书中指出，面对错综复杂和日益不确定的世界，我们需要革新文明的范式，用"复杂性思维"更好地理解和应对未来。

（四）模糊性

模糊性是指未来社会很多事物不是非黑即白、非此即彼、界限分明的，事物本身的概念是不清楚的，本质上没有确切的定义，在量上没有确定的界限。正如一枚硬币，不仅有正面和背面，也有一个不可或缺的侧面。没有了这个侧面，正面和背面就不能成为一个有机的统一整体。智能手机在人们生活中的作用越来越大，而智能手机本身就是模糊型产品，它不仅是一部电话，还是银行、商场、报纸、杂志、餐厅、书店、电影院、闹钟、指南针、导航仪——它已成为一个融合了成千上万个传统产品的新物种。股份公司及企业的兼并、重组意味着企业的边界在模糊；集团化办学意味着学校的边界在模糊；校长教师轮岗交流意味着教师的边界在模糊，已从学校人变为系统人；跨学科融合课程或STEAM课程意味着学科的边界在模糊。未来社会事物的边界逐步模糊，呈现出开放、融通的新生态。与模糊性相对应的是突变性，突变性产生确切的概念划分（如水的液态与固态以0℃为分界点）。但是，绝对的突变是不存在的，事物的属性变化具有连续形态。

（五）非对称性

非对称性是近年人们提出的未来时代的另一个突出特点，是元宇宙的重要特征，突出表现在不同场景下现实世界与虚拟世界的相互推动、相互支撑、相互限定与相互制衡。

非对称性还表现在技术方面，掌握新技术的少数人会在相应领域颠覆过去，长期占据统治地位的大机构或组织，常常发生蚂蚁战胜大象的故事。

同时，非对称性也给人类带来巨大的风险。信息技术、互联网技术的发展改变了传统社会的一切，一个黑客就可以引发灾难。

人类可以利用非对称性原理改变系统平衡性与对称性，让系统发生改变，通过变换成非对称的形式来提高原系统的性能。如将对称的对象变为不对称的，或在对称对象中增加不对称度。如电池，因为正负极的存在，其本身就有非对称的要求。于是人们将电池制造成非对称的设计，正极凸出而负极平滑，让人一眼便能分辨电池的正负极，这就是将非对称原理运用到生活中的最好例子。榫卯结构是古人智慧的结晶，不用一颗钉子便能打造出不惧风雨的建筑，就是利用了非对称的原理，灵活地实现了木材的拼接和装配。通过非对称原理，人们还可以有很多创新。

VUCA时代的这些突出特点其实是社会进步的结果，随着计算机技术的快速发展，世界进入数字时代，变革越来越快。面对这个充满不对称性、复杂性、不确定性的崭新系统，我们的思维需要更新迭代，只有学会异化思考，才能屹立不倒，不被卷入历史的洪流。

二、描述世界的新视角

2016年，美国人类学家、作家和未来学家贾迈斯·卡西欧创造了BANI一词，用来描述复杂的变化。

BANI是脆弱（Brittle）、焦虑（Anxious）、非线性（Nonlinear）、不可理解（Incomprehensible）的简称。BANI为人们提供了一个理解未来的新视角。

（一）脆弱

脆弱是指看似坚固的系统，其实很容易崩溃，人们不能永久依赖脆弱的东西，因为它可能会突然崩溃。

在一个万物互联的世界里，很多事物表面上看起来非常稳定，运行良好，甚至可靠、灵活、牢不可破，但随着时间的推移，它会变得疏松、脆弱，一个临界点的故障可能会导致它突然崩溃，造成毁灭性的后果，这通常是令人意想不到的。这个世界是脆弱的、易碎的，自然、经济、和平等相互缠绕，构成了一个个复杂的、相互链接的、脆弱的生态系统。人们再怎么相信它永续不灭，都不能改变其脆弱的事实。

人类的很多系统本质上是相互交织在一起的，如果一个组件出现故障，很可能其他系统会像多米诺骨牌一样一个接一个地倒下。一个脆弱的系统可能会产生巨大的后果，一个重要结构的失效可能会导致一连串的失效。脆弱要求人们接纳易碎的现实，放弃强壮、坚固的幻觉。

（二）焦虑

当今世界的不断变化，引发了人们的焦虑。焦虑是一种无望、被挫败笼罩而无法脱身的感觉，描述的是人对环境的反应和感受。动荡、战争、危机、瘟疫、竞争等时时冲击着人们的生活，让人们无法应对和处理，从而感到压力、担忧、害怕，甚至会产生恐惧和绝望情绪。焦虑感的增加已经严重影响了人们的生活，让人们产生消极的态度，对决策和行动产生负面影响。认识会产生误差，行为会偏离正常轨道，使事情变得被动，从而使人们做出错误决定。

焦虑感很大程度上来自过多的信息，人们听到的、看到的消息，尤其是坏消息越多，人们就越焦虑。同时，焦虑感还通过无处不在的数字化网络迅速传播出去，不断滋生新的焦虑感和不良情绪。

（三）非线性

非线性是指事物发展并不是一条简单的直线，而是有很多弯弯曲曲的岔路。在统计学里，非线性是相互关联的多个变量之间的关系。因果之间未必就是必然的联系，原因和结果不再是能够预先评估的，人们所知的线性因果链的基本逻辑已经变成非线性的。当失去线性时，任何原因的后果都可能出现，事物发展变得更加复杂并难以用已有的规律来解释。很多情况下，一个原因不一定会导致单一的结果，有可能会导致多个不同的结果。当人们经历了种种颠覆性事件后，开始意识到这个世界是不可预测的、无序的。

这意味着，人们所采取的措施与结果可能不会直接关联，有可能发生的情况是：大的努力没有效果，小的决定会产生巨大的影响。如全球变暖，因果之间的时间很长，即使人们现在开始采取很多措施，对气候的影响也微乎其微。再如疫情防控，人类不能准确地预测某一病毒出现及传播造成的灾难性后果。非线性不是复杂性的延续，而是增加了复杂性，要求人们接纳复杂的现实，放弃可预测的幻觉。

（四）不可理解

不可理解是指人们不理解正在发生的事，无法看到事物的全貌，无法解释现象，无法找到原因，不能够事事都找到答案。不可理解是当今社会信息过载的产物，额外的信息并不能保证人们更好地理解某件事，大数据可能会适得其反，干扰人们对世界的理解，使人们很难区分噪声和信号。人们努力寻找答案时，不仅会遇到难以理解的情况发生，而且也会产生无休止的抱怨与焦虑。

20世纪60年代早期，美国气象学家洛伦兹试图用数学方程描述气流运动，却得到与实际情况相去甚远的结论，而不是先前预测的结果。他大胆提出一个惊世骇俗的想法：一只蝴蝶在巴西轻轻扇动翅膀，就能够在美国的得克萨斯州引发一场龙卷风，这就是著名的"蝴蝶效应"。洛伦兹的"蝴蝶效应"开创了混沌学，使之成为20世纪三大科学之一。相对论排除了绝对时空观的牛顿幻觉，量子论排除了可控测量过程中的牛顿迷梦，混沌学则排除了拉普拉斯可预见性的狂想，混沌理论开创了科学思想上又一次新的革命。混沌学用一个不可预言的宇宙来取代牛顿、爱因斯坦的有序宇宙，认为任何事物的发展都存在着一定的规律和定数，也存在着难以预测的变量。事物发展的规律性和复杂性并存，应在自组织结构之上建设一个开放的系统。事实上，人们从来没有真正了解过这个世界，这个世界是神秘的，无论人们认为过去对它有多了解，都是幻觉而已，这就是科学家们认为的，知道的越多，就意识到不知道的更多。

VUCA和BANI为我们提供了可以用来解码周围环境的认知框架，但BANI时代揭示出的脆弱、焦虑、非线性和不可理解为人们提供了一个更准确认识世界新变化的框架。事实上，近年来科技的迅速发展与疫情的影响，使人们陷入了内外部环境变化剧烈的BANI时代。

与VUCA相比，BANI对于人们重新认识世界，更好地把握事物变化的因果关系，更准确地认识这个世界提供了全新的认识范式。人们开始从VUCA时代和BANI时代的双重视角，来全面认识世界进入的这个新的发展阶段。

三、爆裂：VUCA时代的生存原则

2017年，麻省理工学院媒体实验室负责人伊藤穰一和杰夫·豪共同编写了《爆裂》一书。书中包含了许多麻省理工学院媒体实验室的前沿研究、哲学理念及案例，并提出了未来社会的九大生存原则。

（一）涌现优于权威

新的事物比过去的权威更重要。在这种前提下，人类唯一能做的就是接受新的事物。互联网会催生无中心的群体力量，可能秒杀权威，新的智慧机制会诞生，这种方式已经在重塑未来社会。

（二）拉力优于推力

推力是用各种方式强加给人们的东西，而拉力是人们有意愿去主动获取的东西。在互联网时代，分布式、来自底部的主动需求要比从上面推下来的东西更有价值。拉力使人受到内在而非外在的影响，拥有更高的热情和潜能，从而取得更好的表现。

（三）指南针优于地图

用指南针找准方向和大的趋势要比按图索骥找到具体路线有意义得多。指南针可快速应对不断变化的环境，即使暂时偏离既定的路线，也不会偏离方向和趋势。

（四）风险优于安全

在未来没有什么是绝对安全的，只有愿意拥抱风险、愿意承受失败并从头再来，才能获得进步的机会。

（五）违抗优于服从

未来社会，没有违抗就没有发明。英国作家毛姆说："人类之所以有进步，主要原因是下一代人不听上一代人的话。"创造力需要摆脱束缚，科学进步的规则是打破规则。在科技时代，需要人们打破常规、独立思考，这是取得创新突破的关键。

（六）实践优于理论

在过去慢节奏的时代，做所有事情的时候可以规划好了慢慢来，这样可以有效避免损失。而在今天这种规划变得不现实，因此应该先行动起来。在未来，等待和计划的成本要比先实践然后再随机应对的成本更高。

（七）多样性优于能力

多样性将使创新具有更多的可能性。未来，通才比专才更重要，在一个机构中，人才的多样性比单一化更有优势。在一个组织内部，人才构成的多元化非常重要。

（八）韧性优于力量

力量在一个机构中的作用很重要，但柔能克刚，要善于用韧性迎接意想不到的风暴。在未来某一时刻，失败是不可避免的，最实用的系统能够快速革新重生，而关键在于保持韧性，韧性可以使一个机构变得活跃、强健和有活力。

（九）系统优于个体

真正具有竞争优势的是一个体系，而非一个特别强大的个体；是一套能够保证不断成功的制度，而不是一个天才个人的行为。

《爆裂》一书提出的未来社会的九大生存原则，可以更好地帮助个体和组织应对充满挑战和不确定性的未来。

四、RAAT：BANI时代的生存原则

如何应对BANI带来的变化？人们如何才能生活在一个混乱的、脆弱的、焦虑的、非线性的和不可理解的世界？如何才能成功应对这些挑战，并以健康的方式面对压力？

BANI在描述了当前世界复杂的变化的同时，也提供了应对挑战的方法，即弹性和韧性（Resilience）、共情和专注（Attention）、灵活性和适应力（Adaptation）、直觉和透明度（Transparency），即RAAT模型。

脆弱可以用弹性和韧性来解决；焦虑可以用共情和专注来解决；非线性可以用灵活性和适应力来解决；不可理解可以用直觉和透明度来解决。

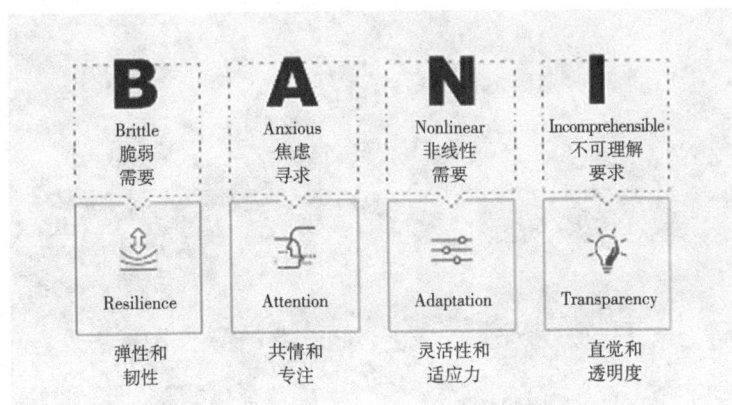

（一）用弹性和韧性应对脆弱

弹性和韧性不仅能承受外部压力，而且能尽快恢复到原来的状态。高水平的组织弹性和韧性可完成挑战、恢复状态。

（二）用共情和专注应对焦虑

共情和专注有助于采取积极的行动，调节担忧、减缓焦虑，阻止脑海中的恐怖场景，并提高行动能力。

（三）用灵活性和适应力应对非线性

在非线性环境里，最好的策略是适应。根据新形势采取相应对策有助于在一个非线性世界中更好地发挥作用。

（四）用直觉和透明度应对不可理解

有效进行信息管理和知识管理，用过滤器处理信息流，保持事物透明度是对不可理解行为的有效补救措施。

一些巨大且可能势不可当的事情正在发生，人们所有的系统都在变化。RAAT为人们提供了应对变化的新方法，让人们面对不适时有更好的选择，让人们直面内心的恐惧和障碍，找到突破自身的方法。

第三节 教育趋势与变革方向

自计算机和网络诞生以来，人类社会就开始进入信息时代与智能时代，信息通过网络实现跨时空的流通，信息处理和利用更加"智能化"。在这个大变局时期，教育正遭遇一场前所未有的冲击，目前正处于巨变的前夜，更大的变革即将来临。

2021年6月8日，OECD发布《数字教育展望2021：人工智能区块链和机器人应用前沿》报告，其中提出了一个关键问题：智能技术如何改变教育？当前，在技术的冲击下，教育正在面临以下变化。

一、知识总量动态化：从静态稳定向动态激增转变

互联网和人工智能的出现使得信息与知识不再是静止的、固定的、结构化的，而是动态的、变化的。有关部门统计，100多年前知识增长速度是50年更新一次；到1950年，知识更新速度缩短到15年；而现在，知识3年就要更新一次，也就是说大学生在校学习的知识还没有毕业就被更新了。这对以知识为中心的传统学校教育提出了严峻挑战，迫切需要学校改变以知识及信息传授为主的教学方式，教育内容从知识走向素养，教育方式从教师讲授走向自主学习、自主探索、自主发展，学会终身学习。培根说：知识就是力量。而现在，可以说学习并发现新知识才是真正的力量。

二、学习目标实用化：从理论探索向科技转化转变

未来社会，人们越来越重视知识与生产生活的融合，不仅重视知识传承和理论创新，更加重视技术转化与应用，科技转化的周期会大大缩短。两百年前，科技转化速度是112年，而现在已经缩短到2～3年，有些理论一落地马上变成技术，速度之快超出了人们的想象。比如，混沌学的出现催生了智能手机等一批新事物。电动汽车、自动驾驶、无人飞机这些新产品与新知识、新技术的出现密切相关。这对当前学校教育脱离社会生活的现状提出了严峻挑战，要求学校教育更加关注社会生活，更加注重知行合一。未来，传承知识的任务将更多地由智能机器人承担，人类将专注于发展知识、创新知识、运用知识，培养创新人才将成为学校教育的首要目标。

三、课程体系综合化：从学科分立向学科融合转变

人类的发展是知识不断丰富同时又不断综合的过程。过去较长一段时间内，人类知识增长的主要方式是不断分化。而现在，综合性科学成为推动这个世界的主导形态，综合运用知识的能力变成最重要的能力。尤其像航天科学、海洋科学、生命科学、能源科学、材料科学、计算机科学等成为当今主导的推动力。

现在，人们发现生活中很多具体问题不能用单一学科知识来解决，需要综合运用多学科知识来解决。这对当前学校学科教育为主导的局面提出了严峻挑战，要求学校教育在注重基础学科的同时还应打破学科边界，注重跨学科课程的开发，开展问题、任务、项目驱动的学习，培养学生综合运用各学科知识解决现实问题的能力。

四、教育渠道多元化：从学校课堂向网络媒体转变

长期以来，知识主要以文字的形式存储在纸质书本中，知识传播是以教

师面对面讲授或纸质书本的印刷和发行为主要方式。未来社会，知识传播渠道更加多元，人们获得知识和信息的来源不只局限在学校和书籍上，知识的载体将转变为数字网络，以网络为核心的信息技术打破了时空限制，线上学习逐渐取代线下学习，并且线上学习的效果和质量逐渐接近乃至超过线下学习。

近年来爆发的全球疫情，催生了全球学校封闭后最大的一次实验，"线上教学"或"混合式教学"成为学校主流学习模式，传统的教学理念、教学管理、教学模式面临瓦解的危机。未来学会"读网"比学会读书更加重要。除中小学外，只有少量的、需要实际操作的学习才必须在线下完成，学习评价越来越多地采用形成性评价、多元性评价，而不是标准化考试，人工智能对学习的大数据分析将彻底终结"一考定终身"的现象。

五、学习内容碎片化：从系统学习向碎片重构转变

过去书本中被专家学者结构化、系统化的知识是学习的重点，而网络中的知识是不完整的、碎片化的，知识体系被弱化或切断，呈现出知识碎片化、学习碎片化、时间碎片化、思维碎片化的趋势。过去学习强调根据书本知识结构和体系循序渐进式系统学习，今天人们更多地从网络获取信息和知识，网络学习是碎片化学习，而不是系统化学习。

但碎片化学习不利于建构系统化的知识结构，对知识向深度、广度发展极为不利。人类必须学会将碎片化的知识整合为系统性知识，这就是新建构主义理论所倡导的"零存整取、碎片重构"的方法和策略。人们可以通过项目式学习、课题研究及专题写作将碎片化的信息与知识整合为系统化的知识体系，并不断重构、迭代更新。

六、知识呈现具象化：从文字符号向图文视频转变

随着信息技术与人工智能的发展，人类正进入"读屏时代"，知识存储与传播更多地采用多媒体形式，知识呈现方式由抽象变为具象，具有可视化

的特征。当知识以文本、图形、音频、视频等多种媒体方式呈现时，比过去单纯以文字和符号的呈现方式更加具体和形象，人们获得信息与知识的渠道更便捷、内容更丰富、形式更生动。

当然，文字仍然是信息与知识最主要的载体和媒介，对文本信息和知识的学习仍占据主流地位。到了智能时代，结构化、体系化的知识可能更多地由智能机器人掌握，因为对这些知识的学习与利用，智能机器人比人类更具优势，人类思维的灵活性、变通性、创造性将在创造性的学习与建构中发挥更大的作用。

七、学校教育人文化：从技术替代向AI赋能转变

人工智能是全球引领科技进步和人类发展的重要驱动力与战略技术，智能机器人因其较强的算力、较大的存储和对数据的分析及对数据价值的挖掘在军事、制造业、医疗、教育、服务及很多新兴行业中广泛应用，在推动教育深层次变革中发挥了巨大作用。

近年来有人提出"技术替代论""机器换人论"和"学校消亡论"，认为应该让技术、机器人取代人类的工作。事实证明，技术和机器并不能完全代替人，很多工作还是需要人来支配。因为人和机器各自擅长的领域不同，人的优势是具备抽象力、创造力，拥有社交和情感。教育是一个充满爱心的事业，是一棵树撼动另一棵树。技术可能会改变和替代学校的很多工作，但不能代替情感、体验、交流，教师人格魅力的影响、朋辈之间的沟通交流、校园活动的实践体验、校园文化的辐射影响对学生成长非常重要，这些是技术和机器无能为力的。因此，学校教育不会消亡。

在未来社会，机器和人是协同的关系，而不是替代的关系，技术和机器应该赋能教育，把教师从大量简单、重复、机械的工作中解放出来，去完成创造性、思维性、情感性较强的工作环节，使教育教学在提高效率的同时更加凸显人文化特征。

第二章

学校转型与系统重构

第一节 从共性到个性，开发系统 多维的无边界课程

《中庸》提出"天命之谓性，率性之谓道，修道之谓教"，这里所说的率性是指遵循学生的身心发展规律与特点。每个人的灵魂都是独一无二、不可替代的，教育要达到唤醒灵魂的目的，必须保护天性，尊重学生的差异性及独特性，因材施教，遵循学生个性特长，从而促进学生发展。学校教育要打破完美主义，不搞"一刀切"。

一、天才常常就是偏才

民国时期可谓大师辈出，虽然很多人年轻时都偏科严重，但幸运的是他们都被北京大学、清华大学破格录取，他们后来个个大名鼎鼎，他们的故事至今仍为人津津乐道。下文将列举几个著名人物加以介绍。

胡适，1910年考取留学生时，好几门成绩都不理想，但国文得了满分，被破格录取，最后拥有30多个博士头衔，后来成为新文化运动的旗手。

罗家伦偏科十分严重。1917年他参加北京大学入学考试，国文和外语成绩都是满分，数学却是一张白卷，连字都没有写。但北大校长蔡元培看中了他，破格将他录取，后来，年仅31岁的罗家伦成为清华大学校长。

钱锺书在清华大学入学考试中数学只得了15分，但国文特优，英文满分，时任校长罗家伦破格录取了他。

钱伟长物理只考了5分，数学、化学两科成绩加起来20分，而英文则是0分，但他的中文与历史是满分，被清华大学历史系破格录取。后经过努力，进入物理系学习。

著名诗人臧克家，1930年报考国立青岛大学（今山东大学），仅3句话的作文打动了闻一多先生，获得了98分。但数学考试只考了30分，还是被青岛大学文学院破格录取了。

朱自清当年参加高考的时候，数学是0分，但是语文考了98分，北京大学破格将他录取。后来朱自清成为一位大文豪，有很多优秀的作品，如《背影》《荷塘月色》等。

历史学家吴晗，1930年报考清华大学，国文、英文考了100分，数学是0分，但清华大学破格录取他为历史系学生。后来吴晗成为我国著名的历史学家，其杂文《谈骨气》还入选了中学课本，至今被人们广为传诵。

学界泰斗季羡林，年轻时学习同样严重偏科，当年报考清华大学时，国文和英文100分，数学只考了4分，先生的第一志愿填报的居然是数学系。

　　北京大学和清华大学自由的学术之风、不拘一格降人才的传统一直传承至今，因此才有大师不断、学者云集、人才辈出。现在，两校每年招生三四千人，其中，只有一半学生是凭高考成绩录取的，有近五成的学生是通过各类特招录取的，还有一些学生是通过自主招生、强基计划、外语类保送、竞赛类保送、艺术或体育特长生获得录取优惠；此外，清华大学丘成桐数学英才班、丘成桐数学领军人才计划以及北京大学的数学英才班、清华英才班、清华大学数学领军人才计划，对具有数学学科特长的学生都有较大的录取优惠。

偏科的人大多是某些领域出色的人。爱因斯坦小时候被怀疑有智力障碍，林肯小时候有严重的口吃，但他们以突出的个性特长成为伟大的科学家、政治领袖，生活中这样的例子不胜枚举。

二、让不同成为更大的不同

在工业化时代，以规模化、标准化、任务化等为主要特征的生产模式，要求通过教育培养大量具备知识技能、具有服从精神的标准化人才。而在"互联网+"时代，生产过程已由流水线生产模式转变为自动化智能制造模式，因而急需培养个性化、创新型人才。因此，充分利用互联网、人工智能技术手段，积极探索个性化的学习，在教学内容、方法、手段和组织形式等各方面进行变革，推动学校教育从传统的标准化模式向现代的个性化模式转型成为学校教育的使命。

当前，个性化教育正在成为世界各国教育变革的潮流，也是我国人才培养模式改革的核心指向。为了适应未来人才的培养需求，我校积极推进课程变革，坚持顺应天性、尊重差异、多元发展、最优成长的课程思想，致力于搭建每个学生的最优赛道。

学校聚焦学生个性化发展，积极开发"1+N"课程体系，打造由基础课程、拓展课程、特需课程组成的富有生命力的课程谱系，开发了400多门课程，构建了丰富的课程体系。

学校成立了未来书院、荟文书院、博雅书院、奥体书院、四海书院五大书院，致力于培养在数理、人文、艺术、体育、国际方向有潜质的创新型人才。学校贯通小、初、高三个学段，组建各类书院班，提供书院课程，满足学生的发展需要。

在课堂教学方面，学校积极推动课堂组织形式的变革，实施小班制、分层制、选课制、书院制等个性化人才培养方案，立足学生个性特质，促进学生的最优成长。

近年来，在教育的快速发展中出现了一些无视学生个性发展的违背教育规律的现象。标准化教育和标准化考试严重影响了青少年的健康成长，考试分数和升学率成为比学生健康、品德，乃至生命更重要的目标。大工业时代形成的学校教育，教学规模化，目标功利化，其对个性的漠视，一直为不同时代的知识分子所警惕和反思，人们对学校教育的质疑和批判从未停止过。

陶行知先生说："我们晓得特别是中国小孩，是在苦海中成长。我们应该把儿童苦海创造成一个儿童乐园。"所以我们要让学校教育朝着尊重人性、激发个性的目标前行。

近年来，国家的考试制度已经发生了根本性变革，已从过去的知识本位向能力本位、素养本位转移，提升学业质量的根本出路在提升学生的综合素养，靠传统应试教育的办法既不能提高学生的学业成绩，也不能提高学生的综合素养。学校不会因为改革创新而忽视学业质量，也不会因为重视学业质量而盲目走应试教育的道路，因为学校既看重学生在校的三年、六年，更看重学生未来的三十年、六十年。

三、让世界成为学生的教科书

在学校教育中，除了个性化发展之外，社会化也是不容忽视的重要领域，学校要打开课程的边界，让学习走向火热的社会生活。

世界是复杂的，也是充满联系的，但是学校的教学常常与社会生活相脱节，学科之间存在着明显的割裂和分立现象，学科与学科之间有着界限分明的学科壁垒，师范大学按学科培养老师，中小学按学科进行教学。学科分科有其特定的历史生成背景和发展历程，有不可替代的优势，但其问题也非常明显——知识分家、边界分明、学科林立、不成系统。然而，在现实生产生活中，人们不可能用单一学科的知识来解决所有问题，问题的解决往往需要多学科的知识。时代的发展，呼唤淡化学科边界，模糊知识边界，复归整体学习。

照本宣科、脱离生活的教学如同将海鲜干货不经泡发、烹饪，直接塞入学生的嘴巴里。虽然海鲜干货是好东西，但是如果没有经过处理就塞给学生，就是一场缺乏人性、没有温度的教育，甚至是一种教育暴力。脱离生活的德育就如同将盐直接塞入学生嘴里，这会导致德育的低效、无效，甚至是负效。

英国教育家怀特海说："生活是教育的灵魂。"美国教育家杜威说："生活即教育。"中国教育家陶行知说："教育的根本意义是生活之变化。"这些中外教育家关于教育应回归生活世界的理念对今天的教育改革依然具有很强的现实意义。学校教育不能孤立于社会生活之外，而应打开边界，聚焦社会热点，关注社会问题，开发无边界课程。

在近年来的办学实践中，我校积极推动政企合作、校企协同、家校合作，先后引入深圳头部企业来校共建各类创新实验室，开发各类创新课程，力求打开学科边界，突破学科壁垒，推进跨学科融合。

学校根据STEAM理念建设了智能制造空间、自然生态空间、互联网创新空间、艺术创意空间、人文阅读空间，陆续建成了汽车工程、航空航天、仿生机械、数字制造、生物基因、海绵城市、河道治理、海洋资源、人工智能、虚拟现实、5G技术、大数据、智能物联、服装设计、工业设计、动漫设计、影视媒体等18个创新实验室，对标前沿科技需求，开发了飞机驾驶、机甲大师、机械臂、未来设计、固定翼飞机、F1在学校、激光雕刻、3D打印、数控机床、光固化打印、海绵城市、河道治理、污水处理、湿地研究、垂直绿化、全球航运、近海养殖、咸水入侵、海上石油开发、无土栽培、扫描电镜观察、基因组学等跨学科融合课程。依托这些开放式的学习空间和创新实验室，组织学生开展各种任务驱动的跨学科项目式研究，让学生像科学家一样去思考问题，像工程师一样去解决问题。每年，大批学生的研究成果喷涌出来。近两年，学生获得国家专利26项。

同时，学校在这些企业建立与学校创新实验室相融通的校外实践基地，让学生在"双减"后走进社会、走进企业、走进高校、走进农村、走进自然，到世界这本"大书"里学习、探究和实践。一位学生在学习了海绵城市课程后提出了在自己所居住的社区公园建设多功能海绵城市网络，这个研究成果被区人大代表作为人大建议提交到区两会，被确定为区政府领导领衔督办的人大重点建议。还有一个小组学生研究的课题《关于在深圳建设生物通道的设想》，提出在高速公路上建设动物桥，确保高速公路的建设不要影响动物的迁徙，获得深圳市中小学生探究性小课题优秀成果评选一等奖。不久，学生的这一建议被政府采纳，深圳首条野生动物生态长廊在大鹏新区开工建设，梅林关生态断点连接工程也已开工建设。

这些实验室创新课程模糊了学校和企业的边界，模糊了教育与生活的边界，模糊了学科与学科的边界，模糊了教与学的边界，模糊了专职教师与客座教师的边界，通过课程延伸，让世界变成学生的全部教材，而不是把教材当作学生的全部世界。

第二节　从线下到线上，构建虚实
融合的无时限课堂

混沌学认为任何事物的发展不仅存在着一定的规律和定数，而且也存在着难以预测的变量。教育发展面临的复杂性、模糊性更胜以往。

一、不确定时代对实体学校的冲击和挑战

在课堂教学形态上，常规状态下学校育人过程是在实体学校中完成的，师生面对面地交流和学习具有较强的人文性、情感性、交互性、实践性，对学生产生着全方位的影响。但这种面对面育人的过程也存在着明显的缺点和不足，主要是其时间与空间局限性比较大，学校不仅受上课时间限制，而且受教学场地限制，听课人数有较大的局限性。在实体学校中，教和学必须发生在学校的围墙之内，一旦学生放假了，离开了学校，如双休日或寒暑假，实体学校发挥的作用就微乎其微。据统计，学生在校时间一年有200天，不在校的时间占到了165天。而学生在校的200天里，实际上每天也只有8个小时在校，所以学校在学生的整个成长过程中发挥的作用是有限的。

近年来，公共危机事件导致的停课及学生因个体原因停学也不断冲击着实体学校的堤坝。席卷全球的疫情加大了世界的不确定性，让所有行业处

于一种巨变之中，也使学校的全面育人体系受到了巨大的挑战。当没有了校园，没有了教室，没有了实验室，常规的学校育人生态就被打破，学校的育人功能便失去了作用。如何打破实体学校育人的时间与空间的局限性，突破传统学校育人的边界，重构学校的育人生态，是学校教育面临的严峻挑战。

二、技术赋能下学校教育的创变与突围

近年来，随着移动互联网的迅猛发展，学校利用云、网、端一体化的数字化基础设施，摆脱对校园、场地、教室等方面的依赖，冲破教育的时间与空间的限制，突破校园围墙对教育的阻隔，将实体学校育人的手臂不断延伸，线上育人功效不断放大。与线下学习相比，线上教育具有以下优点。

（一）开放性

线上教学是基于互联网技术，实现教学过程的跨时空传送，将课堂由教室和实验室延伸到互联网覆盖的任何场所，学习更方便，自由度更高，使学生随时随地都可以学习，极大地拓展了教育的时间与空间。

（二）自主性

线上教学具有可重复的优势，教学内容可随时播放，学生可以根据自己学习的需要，选择快进、后退、重听或重学，解决了线下教学不可重复的缺点。同时，线上教学具有较强的交互性优势，答疑辅导不受时间与空间限制，可以实现师生实时互动，及时解决学生在学习中遇到的问题，学习更具个性化及自主化。

（三）高效性

线上教学由于不受时间与空间限制，优质教育资源可以通过互联网向更大范围辐射，听课人数大大增加，使教学效益最大化，最大限度地实现信息与资源的共享，方便了教育资源相对贫乏地区的学生，极大地促进了教育公

平，符合我国的基本国情。

（四）安全性

线上教学避免了教学中的人员接触和聚集，确保了校园安全，成为学校抗击疫情的有效应对之策，既防止了疫情传播，又确保了停课不停学，使疫情对教学的影响降到最低。

疫情期间全国范围的在线教学是学校特殊时期的特殊之举，不仅有效防止了疫情的传播，其也是全国最大规模的信息化育人方式的实战演练，对传统的育人思想、育人形式产生了巨大冲击，对推进教育现代化和重构学校育人新生态具有革命性意义。尽管很多地区、很多学校在育人思想、育人方式、教育技术等方面的认识和准备还不足，也来不及进行充分动员，但全国几千万师生转入线上，通过不同在线教学平台上课，线上教学成为替代传统学校线下教学的一种常态化教学模式，全国中小学师生在线上线下自如切换，教师信息化应用能力得到大规模、高效率的培训，教师信息化水平获得了大幅度的提升。我们应紧紧抓住这个历史契机，利用互联网技术打开学校边界，建设无围墙学校，构建无时限课堂，聚合教育资源，创新育人方式，满足成长需求，引领教育发展。

线上教学也存在着许多先天的不足，是我们不能忽视的。首先，线上教学中教与学产生时空分离和场域割裂。学生远离校园，远离老师，师生之间、同学之间的情感交流大大降低，相互之间的思想沟通和疏导不足，缺乏学习过程中必要的思想交锋和碰撞，教师对学生的影响不足，学生无法零距离地感受教师的人格魅力和精神风范，无法受到校园文化的熏陶和集体学习生活的影响。

其次，线上教学发生在虚拟的学习空间里，对学生自主管理能力（如时间管理能力、健康管理能力、情绪管理能力、抗干扰能力等）有更高的要求，这些方面对学生成长很重要，却是当前学校育人方式的薄弱点。长期以来，因为学生过度依赖学校、教师及家长的教育和监督，教师和家长较为强势，因此学生自主学习、自主管理、自主发展的意识和能力不强。学习从线下转场线上，由于缺少教师的现场指导和约束，学校各种教学管理制度对学生的硬性约束降低了，对自律性较差的学生影响会比较大。个别学生会沉迷于网络，利用计算机、手机打游戏、上网、浏览不良信息等，容易造成行为偏差，有的因忽视了现实生活中的交往和朋友间真切的情感交流，易产生孤独感，会造成心理和人格障碍。另外，长时间在线上学习也会严重影响学生视力，这些情况应引起学校、教师和家长的高度重视。

三、线上线下相融合的混合式育人新模式的再造与重塑

对比线上教学和线下教学，可以说，两种模式各有优劣。线上学习不可能取代线下教学，线下教学也不应排斥线上教学，就如同主食与副食、电视剧与电影一样。我们应从未来教育的高度，以积极的心态去探索一个线上与线下相结合的混合式育人新模式，让育人在实体空间与虚拟空间中发挥协同作用。

作为一所新时期在特区深圳举办的学校，近年来，我校积极引入全球领先的互联网技术及丰富的教育资源，推动互联网与教育教学及管理的深度融合。

学校建成了虚拟学校"海豚学院"，建成2个专业在线课程直播室，组织教师录制微课7000多节，微课资源覆盖1～12年级各主要学科。这些优质的线上教学资源为学生学习提供了帮助，也使得疫情期间学校能够从容应对在线教学。

由此可见，虚拟学校以开放性、高效性、自主性和安全性的特点，对实体学校形成有效的补充。它通过互联网实现了课堂教学的跨时空传送，让优质的教育资源向更大范围辐射，使教育效益更大化，也让学习变得更加自主、更加安全，实现一般课程服务的泛在供给。

　　当前，从世界范围和时代发展形势来看，互联网技术正以一种不可逆转之势来到我们身边。我们要抓住机遇，努力用互联网技术撬动育人思想、育人方式，促进学校转型发展，构建一个实体学校与虚拟学校互为补充的学校育人新生态。

第三节　从模式到变式，开展
自主驱动的无制式教学

一、时代呼唤教育变革

课堂是学校教育的主阵地，也是未来教育变革中最为核心的战场。长期以来，由于主客观原因，学校课堂教学存在着许多突出问题，如教学理念陈旧，教学内容单一，教学与生活割裂，与信息化时代脱节，课堂沉浸感不足，应试导向明显，功利化目的太强，学生缺乏学习兴趣，学习缺乏高阶思维，学生在师生关系中处于弱势和被动地位，学习缺乏自主性和积极性，综合素养难以提升，无法满足国家发展对创新型人才的迫切需求等。

数学家苏步青说："如果你用一分力量备课，两分力量上课，你就用三分力量批改作业。反之，如果你用三分力量备课，两分力量上课，你就可以只用一分力量批改作业。"看来，提升教学设计的科学性，促进课堂教学效率的提高，是课程改革最为关键的环节。

近年来，人工智能、大数据、区块链等新技术的飞速发展催生着一场真正的教学变革。学校传统的备课、上课、作业、辅导、考试、评价方式发生了巨大变革，翻转课堂、微视频教学、自适应学习、远程教学、双师课堂、线上线下混合式教学等学习方式使教学效率实现了系统性优化，传统的注重讲授和操练的课堂教学模式受到了较大的冲击。

在技术牵引教育教学方式发生变革的同时，也出现了学校教育被技术牵着鼻子走的现象。技术变革成为学校教育变革的目的，而不是学校教育变革的手段，技术运用的工具性大于人性，学校使用信息技术僵化。未来人才的独特价值在于丰富的想象力、创造力、批判思维和人文情怀，而这恰恰是机器和技术难以企及的。因此，尊重人性，回归教育初心，推动从技术主导的教育变革转向教育主导的技术变革，成为课堂教学变革面临的重要任务。

英国纽卡斯尔大学教授苏伽特·米特拉在印度新德里工作时，做过一个著名的"墙洞实验"。他将几台计算机安放在印度新德里郊区贫民窟的一面墙洞里，学生可以免费使用这台计算机。几个月过去了，在没有教师的情况下，学生不仅学会了使用计算机，还通过计算机学会了英语及其他很多知识。"墙洞实验"说明学生自主学习和交流学习是最基本、最有效的学习方式，现在学生对手机、计算机、网络运用自如、无师自通，都说明了这个问题。

这个实验颠覆了人们对于学习和教育的看法，并在教育界掀起了一场自主学习的飓风。苏伽特被《泰晤士报》评为"全球教育巨星"，获得TED大奖，轰动了世界。这个实验后来被改编为电影《贫民窟的百万富翁》，还获得了奥斯卡金像奖。

后来，苏伽特在印度和英国建设了7个云端学校，在这些学校里实施了一种全新的学习模式——基于互联网和学生自学的自组织学习系统（Self Organized Learning Environments，SOLE）。学生主要通过互联网和小组讨论进行学习，教师的任务是提出一个好的问题，剩下的由学生自学。

现在的青少年从出生就面临着一个无所不在的网络世界，对于他们而言，网络就是他们的生活，数字化生存是他们从小就开始的生存方式，每个学生都是数字原住民，都是天生的学习者，教师只是一个平等者中的首席。

在互联网世界中，百度无所不知，上到怎么造原子弹，下到怎么煮茶叶蛋，只要你会检索信息和自主学习，都能够找到解决问题的方法。各种教育网站都有搜索功能，关键看你会不会自主探索。

意大利科学家伽利略曾说："人不能被教，只能帮助他发现自己。"学校要把学习的主动权交给学生，而不是让教师控制着课堂，控制着学习。

信息技术催生教学流程再造，时代呼唤一场真正的教学变革。我们要积极运用先进技术，提供更多智能化的教学内容和辅助学习工具，研究如何将信息技术深度嵌入教学系统；借助信息化平台，实现更加精准、更加个性化的智能导学，开展问题式教学、项目式教学、活动式教学，探索体验式学习、沉浸式学习、游戏化学习、研究性学习；教学内容要重新选择，要构建更加丰富的学习资源和学习场景，促进传统的课堂教学实现深度变革。同时运用先进技术帮助教师处理简单机械的体力劳动，使教师的工作重心向提升能力、培育素养、干预心理、塑造人格转移。

在智慧教育推进中，技术的运用要注意"人性"的回归，不能把信息化变成昂贵的设备、华而不实的技术、画蛇添足的作秀，而是要尊重学生的主体性，提升学生个性化学习支持水平，促进学生的自由发展，实现价值理性与工具理性的平衡。课堂教学变革是一场心灵到行为的革命，不仅需要先进的教学理念，更需要一个适合未来发展的课堂教学模型。

二、E-PBL创新教学体系的基本模式

近年来，我们基于学校实际，经过全校教师的研究和探索，创造性地设计了"数字教育生态下E-PBL创新教学体系"，并把E-PBL作为学校的课堂教学基本式，致力于构建一个信息技术赋能的，以问题、项目、活动驱动学习、激活课堂的"互联网+"时代的新型课堂模式。E-PBL突破了传统的课堂教学，教师通过巧妙的设计问题、项目和活动，围绕这些问题、项目和活动重建课堂教学流程、重整教学资源，启发学生通过自主、合作、探究的方式获得知识建构和能力提升。这个教学基本式统一和规范了教师的课堂教学行为，增强了学生学习的内驱力，促使学生主动学习并合作分享，促进学生最优发展。这一教学基本式要求课堂教学要以学生为中心，围绕教育性、启发

性、技术性，着力基于问题的学习、基于项目的学习、基于活动的学习，形成数字教育生态支撑的创新教学体系。

E-PBL坚持"以技术为支撑，以问题为导向，以项目为驱动，以活动为载体，以思维为主线，以学习为中心"的基本教学原则。

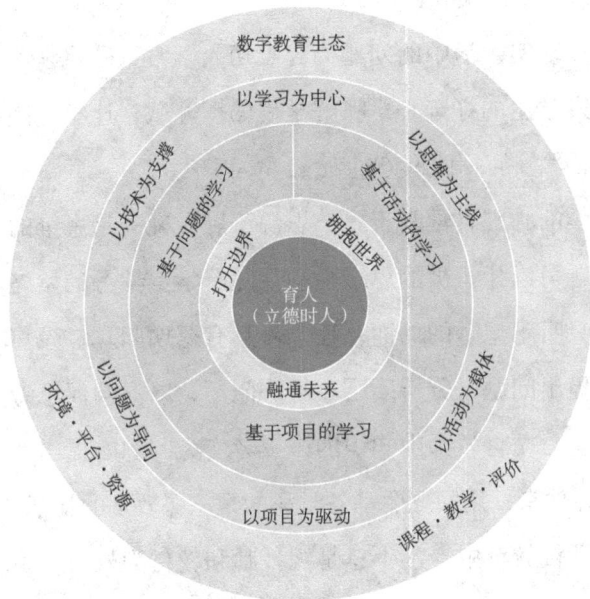

（一）E：以技术为支撑

E代表着教育性（education）、启发性（edify）和技术性（electronic），即以技术赋能课堂教学，积极推动信息技术与课堂教学的深度融合，探索引进基于5G支撑的远程课堂、基于CLASSIN的线上课堂和双师课堂、基于微课的翻转课堂和虚拟学校、基于点阵技术的智笔课堂、基于NOBOOK的虚拟实验、基于企业微信微盘的跨校区联合教研、基于物联网技术的全视控自动化管控教室、基于人脸识别技术的智能门禁和消费系统、基于企业微信数字基座的移动管理平台、基于大数据的智能考试平台、基于倍思技术的智能选课和智能评价系统等，促进传统课堂教学的转型升级，构建技术支撑下自主高效的课堂教学模式和数字教育新生态。

（二）P：以问题为导向、以项目为驱动、以活动为载体

1. 以问题为导向

问题（problem）驱动教学法建立在问题解决策略的基础上，以问题为导向，学生围绕问题收集、加工、处理信息，通过自主学习、探究学习、合作学习等方式得出结论，获取新知。

教学中，以现实生活中的问题为起点切入学习，围绕学习内容设计一系列问题链，激发学生的好奇心，唤醒学生的探究欲，让学生围绕问题寻求解决方案，是今后学校的一种趋势。

问题是教学的心脏。学起于思，思源于疑，疑问是思维的火花。思维从问题开始，问题可以让积极的思维活动伴随着学生学习的始终。要改变课堂"只学不问，只听不想"的局面，让学习具有返璞归真、聚焦本质的现实意义，就要学会提出问题、分析问题、解决问题，以提问促思考，以提问激兴趣，以提问养能力，将教师由知识的讲授者变为问题的提出者、课程的设计者以及结果的评估者，用问题驱动各学科的常态课教学的变革。

在中国的学校教育中，学生总是视教师和教材为权威，不敢质疑，不敢提问。21世纪呼唤创新型人才，而创新型人才的核心特点是善于质疑和敢于创新。教师不仅要成为课堂教学的设计者，还要成为问题讨论的引领者，要增强学生敢于质疑问题的勇气。

基于问题的学习模式最大的价值是能够激发学生的好奇心和求知欲，活跃其思维，提高学生学习的主动性和参与度，推动思维不断跃升，促进学生深度学习。问题是开启探索和学习的源头，一个好的问题可以产生一次微小的交互活动，也可以引发一场宏大的革命。

那么究竟什么问题才是好问题？在长期的教学实践中，我认为好问题具有以下特点。

（1）问题应具有挑战性

一个具有挑战性的问题更容易激发学生的潜能，让他们成为更好的自

己。比如《辛亥革命》一课，传统的讲法是向学生介绍辛亥革命的背景、原因、过程、结果、历史意义等，显然，学生对这些不会感兴趣，因此需要教师挖掘辛亥革命的人物、事件等重新设计问题，让问题充满悬念、冲突，使学生产生巨大的好奇心。带着这些问题，学生在学习知识点时就产生了巨大的兴趣。

（2）问题应具有生活性

问题要与现实生活和真实世界相联系，从学生的生活经验出发，以生活情境导入，用小问题引发大思考。

例如，我们购买了一套宇航服放在航空航天实验室，给学生提出了一个问题：请说说宇航服上有哪些新材料、新技术的运用，并说一说宇航服各部位的仪器、工具及功能。同时，我们购买了火箭从发射、飞行、分解、返回等各个阶段的火箭模型，悬挂在航空航天实验室的廊道天花板上，向学生提出问题：请说一说火箭发射的全过程及主要工作原理。这些问题来源于生活，又高于生活，具有一定的挑战性，迅速激发了学生探索的欲望和学习的好奇心。

（3）问题应具有知识性

问题应覆盖基础知识，能够对应知识目标。比如针对开辟欧洲战场，有一位历史老师设计了这样一个实际问题：综合"二战"时的军事形势、国际环境以及地理条件，如果你是艾森豪威尔，你会选择在法国哪个地方登陆？

（4）问题应具有递进性

问题的设计要有坡度，要步步相因、环环相扣、层层推进、不断追问，前一问是后一问的基础，后一问是基于前一问的发展。要遵循由易到难、自简至繁、由浅入深、由表及里的原则，一步一个台阶地把问题引向深入。

我曾听过一节数学课，教师设计了一个问题链，一下子就激发起了学生的好奇心：你的1厘米和同学的1厘米一样长吗？杭州的1厘米和北京的1厘米一样长吗？所有的1厘米都一样长吗？这些问题让学生深刻认识到长度的运动不变性属性。

（5）问题应具有开放性

给出一个开放的环境，让学生尽可能拓展自己的思维，探究自己感兴趣的知识，实现深度学习。

（6）问题应具有聚焦性

我们很容易提出一个大而宽泛的话题，例如，如何让中国文化走向世界？这类问题很难对应到我们的知识目标，所以需要聚焦，不要试图在一节课中展开一个宏大的叙事。

2. 以项目为驱动

以项目（Project）为驱动是以学科内大概念、大单元为主线，结合现实生活情境中的真实问题，协同各学科、跨学科教师将学科内容，或跨学科内容统整为项目，组织学生综合运用多学科知识解决真实问题的能力。我们要求每个学生每个学期依托创新实验室的研究方向完成一项项目式学习或小课题研究，形成一个研究报告，确保学生关注社会生活，敏锐地把握科技发展前沿动向；同时，可以有效训练和提升学生的研究能力和学术素养。

3. 以活动为载体

以活动（Play）为载体要以核心素养为导向，课堂教学注重"做中学"，强调让学生经历发现问题、解决问题、建构知识、运用知识的过程。在学科教学中，教师要设计角色扮演、课堂游戏等丰富多彩的体验性活动，并组织学生参与；在课程教学中，教师要设计更多的活动内容，活跃课堂气氛，提高学生能力，促使学生在亲身体验中理解知识、运用知识。

（三）B：以思维为主线

E-PBL要求教师把思维培养放在比知识传授更为重要的位置，不能满足于知识的死记硬背，而是要应用和创新，从"教师教"转变为"学生学"，以问题、项目和活动来驱动学生思维能力的提升。E-PBL要求教学提出的问题要有一定的思维含量，要有高阶学习活动的设计，来源于生活，落脚在知识，有效连接生活与教材，打破知识壁垒；按照知识的内在联系来教学，布置综合性作业，鼓励学生从不同角度发现、提出、分析和解决问题；培养学生逻辑思维、批判思维、创新思维、科学思维、空间思维、系统思维等，帮助学生形成稳定的思维习惯。

我曾听两位教师讲授历史课"西安事变"，他们在教学中设计了这样的问题：请问西安事变产生的原因、经过及历史意义是什么？这样的问题设计在教材中很容易找到答案，缺乏思维含量，距离学生的生活较远，不能有效激发学生的好奇心和学习热情。

我和教师们探讨改变问题设计的方法，要设计环环相扣、层层递进、贴近学生生活的问题链，才能把学生的好奇心和探究热情点燃，课堂效果才能发生巨大的改变。

（四）L：以学习为中心

E-PBL构建是以技术为支撑的学生自主学习、自主探索体系，力图改变以教为主的传统教学模式，凸显学生主体地位，构建以学为主的课堂教学新模式。

杨振宁在西南联大读研究生时，他的导师是王竹溪先生。一天，王先生要他写一篇论文《固体中有序与无序的问题》，并要他看一本书。杨振宁看不懂这本书，便去向王先生请教。王先生一个字也不讲，让他看第二本书。杨振宁第二本也看不懂，又去向王先生请教。王先生还是不讲，又推荐第三本书给他看，并要求他看完第三本书后，再回过头来看第二本和第一本，并说出对第一本书的见解。杨振宁反复读了第三本书后，再读第二本和第一本，果然写出了优秀论文。杨振宁的故事充分说明了自主学习的重要性。

三、E-PBL的课堂流程和教学评价标准

（一）课堂流程

围绕E-PBL的教学主线，通过技术的赋能可以提升课堂教学的效率，促进教学结构性变革。为了保证教学效果，我们设计了E-PBL的三种课堂流程，为教师提供参照。

E-PBL问题式教学流程（1）		E-PBL项目式教学流程（2）		E-PBL活动式教学流程（3）	
创设情境	提出问题	问题驱动	设计项目	明确目标	设计活动
自主学习	思考问题	自主学习	讨论项目	提供支持	发布活动
借助支架	理解问题	借助支架	理解项目	分解主题	规划活动
合作探究	探究问题	合作探究	完成项目	组建团队	准备活动
教师点拨	聚焦问题	形成成果	总结项目	创设情境	实施活动
课堂练习	解决问题	展示成果	反思项目	反思改透	复盘活动

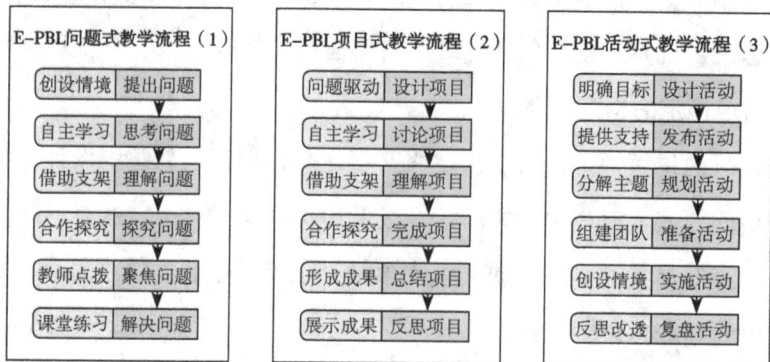

（二）教学评价标准

与此同时，我们研究设计了数字教育生态支撑的E-PBL教学创新体系教学评价标准，作为引导课堂教学方向、推动E-PBL教学创新实践的重要导向。

E-PBL课堂教学评分表

项目	评价内容	子项	评价要素	分值	得分
E	以技术为支撑	E1	教学中的技术含量	10	
		E2	技术在教学中的作用和有效性	10	
P	以问题为导向 以项目为驱动 以活动为载体	P1	教学中有"问题、项目、活动"设计	10	
		P2	教学符合E-PBL的课堂教学范式	10	
		P3	课堂教学创新的有效性	10	
B	以思维为主线	B1	"问题、项目、活动"贴近生活实际	10	
		B2	以"问题、项目、活动"为驱动，设计有学生的结构性学习任务	10	
L	以学习为中心	L1	课堂教学中有自主学习、自主探究、自主实践的设计	10	
		L2	有良好的合作学习机制	10	
		L3	学习高效，介入高阶思维活动	10	

四、无制式教学：基本式+变式

近年来，构建一定的教学模式曾经被很多中小学苦苦探索，全国很多地方也曾经出现过许多富有成效的教学模式。但是，也有一些人尖锐地提出应该抛弃教学模式，因为教学模式与"教无定法"相矛盾。

"教无定法"完整的表述应该是"教学有法，但无定法，重在得法，贵创新法"，单独抽取出这一句有很强的误导性。从"无法"到"有法"，再到"无定法"是一个漫长的境界提升过程。"无定法"不是"没有法"，更不是"不用法"，而是"不拘成法"，可以"灵活地选用不同的教法"。这才是"教无定法"的真正含义。

这样看来，这两者并无矛盾。"无定法"是以"有法"作为基础的。这个"法"是已经被无数实践证明了的、有效的、正确的方式方法。这些方式方法或其组合标志着事物之间隐藏的规律关系，其被结构化并且稳定下来，就是模式。

无论课堂教学是基本式还是变式，教学设计背后一定是一个结构化的过程，结构决定性质，性质决定功用，这是科学的原理。例如，金刚石、石墨、碳60、碳纳米管的性质天差地别，金刚石是最硬的物质，而石墨是最软的物质，但它们都是由碳原子组成的，为什么差别这么大？原因就是它们的结构不同。因此，结构是我们思考问题的重要因素。这里的结构对于课堂教学来说，就是教学模式。

余秋雨说："理念是像云一样飘荡的东西，你可以仰望它的光彩，但是要完整地按照一定的格局和程序继承下来，必须有模式。"国家要有政治模式，企业要有商业模式，学校要有教学模式。教学模式就是教学设计的基本范式，是课堂教学中那些稳定的、被结构化了的教学方法的组合。任何模式都有特定的使用场合和条件，从来就没有一种放之四海而皆准的万能模式。一所学校的课堂教学应该有全校教师共同遵循的教学基本式，也有体现教师教学个性及特色的教学变式，应该呈现出"基本式+变式"的结构，使得课堂教学有基本式，底线有保障；基本式上有变式，提高无止境。教师的专业度就在于会不会做设计，能不能在遵循学校教学基本式的基础上形成自己的教学变式，这就体现了教师的专业化。

E-PBL不是一种制式教学，是一种教学基本式。我们鼓励教师在遵循E-PBL教学基本式的基础上勇于探索各种教学变式，以紧跟时代发展，坚守教育初心，尊重学生个性，遵循"教学有法，教无定法，贵在得法"的教学理念，将教师主宰的"以教师为中心"的传统教学结构改变为"以学生为中心"的新型教学结构，解放教师，激活学生，改变教与学的关系，构建高效的课堂模式，为课堂教学设计提供全新视角。

第四节　从尺度到温度，探索润物无声的无痕迹教育

一、AI时代教育面临的巨大挑战

今天，人类已经进入一个信息和技术的时代，以人工智能、区块链、大数据、云计算等为代表的新一代信息技术催生了新业态、新模式，也牵引着学校教育方式的巨大变革。

有人把这个时代称为"第四次工业革命"。在不到十年的时间里，AI从一个学术领域的技术发展成了一个全球性现象，人们的生产生活被各种智能技术包围，这些智能技术对我们在一个日益复杂和不确定的世界中处理许多棘手的问题提供了大量帮助。

但是，在技术无所不能的时代，AI对人类也发出了巨大的挑战，其中人性是最具挑战性的领域，因为它直逼教育的本质。这是教育现代化最难的地方，也是未来社会一个非常柔软的视角。

近年来，随着AI的迅猛发展，许多人提出第四次连续或者奇点临近的预言。他们认为：第一次连续是哥白尼革命，打破了地球与宇宙天体之间的差异性，使人们认识到地球并不特殊，而是与宇宙连为一体的；第二次连续是达尔文革命，指出人是由猴子进化而来的；第三次连续是弗洛伊德革命，认为理性和非理性是连为一体的；第四次连续是图灵革命，指出人和机器要连

为一体，合二为一。当这种合一发展到一个临界点即奇点临近时，机器会战胜人类，机器会统治人类，人会被机器所淘汰。比如，人类的计算没有计算机准确，人的眼睛没有望远镜看得远，人认路不如导航仪，识别人脸也赶不上机器等。

我认为第四次连续或者奇点临近是一个谎言，虽然AI发展出了一些非凡的能力，但它仍落后于神经元与人类智能的微妙性、灵活性和丰富性。机器再厉害，也是人类创造出来的。

20世纪90年代以来，互联网极大地影响了教育的发展。数字化使得世界范围内的优质学习资源开放共享，打破了学校对于知识的垄断。从课程层面来看，学习者对在线学习的结果越来越认可，虚拟学校大量涌现。虚拟学校是一种基于互联网的学校形式，其最主要的特点是：以教学视频来代替教师进行知识讲授，以基于互联网的通信代替学生与教师、学生与其他学生之间的互动。虚拟学校以其独具特色的开放性、高效性、自主性、安全性弥补了实体学校的不足，突破了教育的时空局限性，将手臂延伸到互联网可以触及的任何地区，极大地提高了学校教育的效能，有效应对了疫情对学校教育的冲击，在不确定的时代找到了一条教育发展的新路径。

但虚拟学校并不能取代实体学校，因为教学视频和真实课堂的区别就好比电影和戏剧之间的区别，不管电影多么引人入胜，观众永远都只沉浸在演员表演和摄影特技塑造的虚拟空间中，被形塑为客体，只能观看而无法参与表演。但教育不仅仅是知识与技能的掌握，还包括情感、态度与价值观的影响。学校是对年轻一代进行文化传承和社会化的专门场所与组织。在现实的学校教育中，会面对师生之间的对话、朋辈之间的交往、校园文化的浸润，而这些都是学校教育的重要方面。通信无法取代对话，教学视频无法取代教师。在真实的课堂中，会发生"一个生命影响另一个生命，一个灵魂唤醒另一个灵魂"的情景。而在教学视频观看中，学生只是位于观众席的观众，是置身事外的他者。

虽然教育未必局限于学校，但不论技术怎么发展，学校永远会成为年轻一代进行社会化的主要场所与组织。因此，计算机与互联网并不会使传统学校消亡，技术支撑下的虚拟学校会和实体学校长期并存，呈现一个虚实融合的未来教育新生态。在这种新的生态中，技术可以赋能学校教育，让学校教育更加尊重人性，尊重学生主体性，促使学生个性化发展，构建一个以学生为中心的弹性教育制度，打破"工厂学校"全方位控制学生学习的情形，赋予学生更多的学习自由，使学生有价值地成长。

与此同时，我们要警惕AI在给人类创造机遇的同时带来的风险。比如，智能机器会通过算法控制人们的行为，让人们网络成瘾、游戏成瘾；网络让人们每天都可能跌入信息陷阱和时间陷阱，让各种信息流消散人们的注意力，消解人们的专注度，对学生的学习生活造成了极大的干扰。诺贝尔经济学奖获得者赫伯特·西蒙曾经指出："随着信息的发展，有价值的不再是信息，而是注意力。"

此外，AI时代人们还普遍存在对个人隐私、安全和工作被替换的担忧，这些都是AI的陷阱和隐患。要警惕人类创造的技术反而成为主宰人类命运的东西，"在致富中又导致贫困，在创造中又进行破坏"，人类在技术主宰世界的背景下，必须具有面对人性挑战的智慧，必须从人性的角度以伦理的智慧确立创新的速度和限度，在颠覆性的创造和颠覆性的毁灭之间找到一个人类文明可以承受的界限，尽量减少伦理风险和负面问题，尽量减少科技应用对人造成的伤害。

在人类发展的历史长河中，柏拉图、笛卡尔、图灵等一批思想家，在社会变革中曾陷入对人性的担忧和困惑，发出了对人性的呼吁，曾苦苦追问人性在科技与社会发展中的价值。别人只看到魔法，但他们却窥见了人性的价值，并不懈地进行探索。

由于体制、观念、习惯等因素的影响，我国教育还存在着大量不人性、反教育的现象。如把教育过程视为生产过程，采取模式化、标准化、流水线和"一刀切"、齐步走、灌输式的教育培养方式，无视人的存在，看不到人的主体性、能动性、自觉性。仅注重知识、技术和方法的教育属于揠苗助长、急功近利的教育，其扭曲了学生的人性，异化了学生的思维。

没有科技的人文是愚昧的，没有人文的科技是危险的。我们必须从智能化和人文化的视角去寻找未来教育变革的方向，让教育既要突破传统形态，更智能、更高效，又要保存温度，回归人性；让人文化成为学校教育智慧的基本元素，成为未来教育发展的独特视角，寻找到人性与技术发展完美的融合。AI使我们做得更好，让学生更加自由、快乐、健康地成长，让每位教师感受教育职业带给他的尊严和幸福，而不是让AI取代教师。用人性化引领学校教育变革的方向，将标志着AI在教育领域新篇章的开始。

正是本着这一精神，作为一所政府和互联网企业合作举办的新型公立学校，我们以"建设自由开放的未来学校，培养引领时代的创新人才"为教育使命，将互联网思维运用到学校教育教学及管理中，确立了"打开边界，融通未来"的办学理念，以AI技术的赋能和介入，使学校拥有更高的教育智慧；同时，我们不断探寻人性在未来教育和技术变革中的价值，推动学校教育从尺度到温度、从模式到变式、从共性到个性、从有形到无形、从教师到导师、从管理到治理的系统变革，确保学校教育变革的人性化、智能化、生态化，去重构一个AI赋能的学校教育新生态，创造一个自由的、柔软的、温暖的、灵动的、开放的、高效的、美好的理想学校。

随着人类进入人工智能时代，越来越多的新技术进入校园，给传统的学校教育带来许多新的挑战。这些技术给学校管理及教育教学带来便捷的同时，也使师生的隐私和信息安全受到威胁。近年来，一些学校给学生戴上"可定位"的智能手环，遭到了部分学生的明确抵制。这只是"智慧校园"引发的一场风波，近年来，基于智能摄像头的"智慧课堂行为管理系统"，曾引发大规模讨论，在该系统中，教室里多个摄像头每30秒会扫描一次学生，针对学生们的动作，结合面部表情进行打分，分析出学生们在课堂上的状态。此外，还有"校园天眼"工程、"智能校服"也已登上"智慧校园"的历史舞台，其嵌入的跟踪芯片可以监测学生行为。这些技术在进入校园时，由于缺乏人性化的考量和设计，缺乏教育者的温度，导致学生、家长有抵触情绪，出现因新技术运用引发的舆论抵制。

二、让技术绽放人性的光芒

当前，在"智慧教育"已经不可能停下脚步的大趋势下，下一步该怎么走？我认为还是需要坚持人性化的立场，尊重人性应该成为今后教育变革的底层逻辑。也就是说，"智慧教育"可以科技化，但这种科技化必须建立在人性化的基础之上，重视人的尊严和价值，在冷冰冰的技术中体现出教育的温度，这才是教育的意义。

李飞飞是斯坦福大学以人为本人工智能研究院的联合主任，她带领斯坦福大学200名教师从事HAI项目，研究方向是推动智能机器更加以人为本，是怀有善意的。李飞飞坚持AI开发运用应遵守三个原则：发展AI的过程中必须考虑AI对人类社会的影响；AI的应用是为了赋能人类，而非取代人类；AI必须尽可能像人类智慧一样敏感、细腻，有人性的温度。她对时任斯坦福大学的教务长John Etchemendy说："作为斯坦福大学的教务长，你领导了从技术到人文学科的进步，帮助人文主义者创新方法论，但是，是时候造一支回程箭了，我们需要将人文和社会思想融入科技中。"

的确，越是处于一个机器和技术"横行"的人工智能时代，就越是要呼唤着人性这些有温度的东西。教育是一门关于人的学问。任何一个好的教育者都要熟知人性，讲究情感关怀和激励。一个对马的习性一无所知的人，又如何能成为伯乐呢？

除了科技在教育领域的创新和运用要把握人性，其实教育的整个过程都应绽放出人性的光芒，带给师生精神的温暖。

《中小学教育惩戒规则（试行）》发布后，很多教师很高兴，认为自己的手里终于有了一把"戒尺"。但是我认为，尺子应该握在学生手里，应该让学生拥有管理权、建议权、裁决权。当我们把尺子放在学生手里的时候，温度也就留在学生的心中，这样的教育才是懂人性的教育。

今天，我们的德育力量很强大，有专门的队伍，如德育主任、党团干部、年级主任、班主任等；有专门的课堂，如道德与法治、思想政治等，每周有升旗仪式和国旗下课程，有班会课程和团队课程；有专门的教材，专门的考试，从中高考、研究生开始，政治是一门重要的考试科目。但德育的实效性亟待提高是小学、中学、大学普遍存在的问题。我认为德育目标和内容没问题，但德育方法出了问题。我们的德育教学习惯于灌输，喜欢说理，形式不够鲜活，德育协同体系不够健全，德育评价机制不够完备，德育知识烦冗等，因而必须创新和变革，不断提升实效性。否则，教师就会成为警察，整天忙于管控；就会成为消防队员，整天忙于灭火，救火；就会成为工人，只是按模具生产标准化的产品。教师应该像农民和园丁，去选种、培土、浇水、施肥，需要付出爱心，当然，也需要耐心，需要剪刀和农药。教育不是舞着尺度的大棒，而是摇着温度和人性的扇子。铁的纪律一定用爱的教育来保证，"高高举起"的是尺度，"轻轻落下"的是温度。尺度让学生知晓为人处世的界限，而温度则让学生领悟人性的光芒。

古希腊思想家柏拉图在《理想国》中表示："体育使人坚韧不拔，而音乐使人精致典雅。"我认为后面还可以补充：德育使人高贵，智育使人聪慧。智育不合格是次品，体育不合格是废品，美育不合格是工业品，德育不合格是危险品。

我们研究智育，为的是学生现在的6年、9年、12年，我们研究德育，为的是学生未来的30年、40年、50年。为此，新时期的德育工作要力争实现以下"四个转变"：贴近生活，德育目标由"高大全"转向"近小实"；夯实基础，德育内容由重"宏观与战略"转向重"微观和细节"；强化养成，德育实践由重"强化认识"转向重"行为训练";注重融合,德育途径由"孤军奋战"转向"融合创新"。

中国武术的最高境界是无招胜有招、无剑胜有剑。教育的最高境界是大象无形、大音希声、大爱无言、大道至简。正如苏霍姆林斯基所说:"当学生发现你是在教育他的时候,你的教育是苍白的。"真正成功的教育应追求一种无痕的境界,在这种境界里,谁也不知道你是教师,你却成为真正的教师。教育之美,在于其没有了教育的痕迹,在于其留给人们的自然流畅之感,即在师生的人格感染中、心灵碰撞中、理解倾听中、真诚激励中润物无声地完成了教育的使命。怎样才算是懂人性、有温度的教育呢?

(一)懂人性、有温度的教育需要体验

要通过创设情境,引导教育对象在自主管理、自主教育、自主发展的亲身经历中实现情感体验,获得真切的感悟,不断增强自信。陶行知先生提出的"生活即教育、社会即学校、教学做合一"等著名教育观点至今仍熠熠生辉,指引着教育方向。教师要引导学生在实践中获得真实体验,获得真切感悟。

为了推动"说教式教育"向"体验式教育"的转型,我校没有了政教处、德育处,成立了学生议事会、学生自治会、学生仲裁庭、学生律师所,将校园的学习和生活交由学生自己去管理。学生议事会在校园内具有立法建议权,学生自治会具有校规校纪检查权和执行权,学生仲裁庭对学生违纪事件或同学之间的纠纷具有仲裁权,学生律师所可接受师生委托,在仲裁活动中为师生辩护。这样,学生成为学校生活及学校纪律和制度的制定者、检查者、裁决者、辩护者,真正成为学校的主人,民主意识、法治观念、纪律作风在潜移默化中自然形成。此外,我们还成立了海豚银行、开心农场、拍卖公司等,让学生在参与和体验中成为学校的主人,感受教育的温度,获得成长的力量。这样的教育就是无痕的教育,自由精神、民主意识、法治观念、自律能力、责任担当、公正包容等教育内容在体验中被学生自然吸收和内化。

（二）懂人性、有温度的教育需要宽容

容地对待学生的错误和过失，会使学生在意想不到的宽厚态度、宽松环境中自省，从而达到"出奇制胜"的效果。教师的宽容把尺度变成了温度，也会将温度转化为教育的力度。宽容是唤醒而不是压抑，是让学生"抬头"而不是让学生"低头"。

（三）懂人性、有温度的教育需要迂回

长江千万里，黄河十八弯，世界上没有一条河流是笔直通向大海的！对学生的问题，不正面处理，而是迂回包抄，为了前进而后退，通过另辟蹊径获得出其不意的教育效果。我校每年坚持组织四季课程，即体育季、艺术季、创新季、人文季，每一季的活动持续一个季度，让校园生活高潮迭起，活跃了校园生活，锻炼了学生才干，也大大缓解了学生的学习压力，这就是一种教育的迂回战术，让校园充满活力，散发出教育的温度。

（四）懂人性、有温度的教育需要融合

教育要与生活融合，与管理融合，与学科融合。融合使教育如盐，盐是人体不可缺失的元素，如果没有盐，再好的食材也索然寡味。但盐不能独立发挥作用，必须溶于菜肴和汤水中，才能显现其价值。如果我们意识到盐的存在，盐就失败了。如饭菜太咸或太淡时，人们都会想到盐，这时候盐就失败了。如果吃饭只是感受到菜肴的美味，而忘掉了盐的存在，盐就成功了。

因此，教育不要显性地存在，而应融于学科教学中，融于丰富多彩的校园活动中，融于社会调查、徒步郊游等实践体验活动中。说教式、灌输式、照本宣科式教育的错误就在于教育没有融于生活，这样的教育如同直接吃盐，缺乏教育的温度，是一种教育暴力。

教育也如风，风是存在的，但我们从来看不见它；我们看见的是长发飞扬，是裙摆飘逸，是树梢摇晃，是湖水波动，是海面起伏，是船帆鼓胀……

（五）懂人性、有温度的教育需要倾听

教育者应善于耐心认真听取教育对象的倾诉，使对方在倾诉中宣泄消极情绪，实现自我心理调节。当人产生心理冲突时，自然的需求就是找人诉说。教育者要善听，即对教育对象的想法要听得进去，表示理解，在倾听中因势利导，让教育对象自己得出正确的结论。心理学家认为：认真倾听就完成了心理咨询任务的一半。

第五节　从有形到无形，建设智能
高效的无感化管理

　　长期以来，很多学校习惯于"灯光+汗水"和"粉笔+黑板"的传统教学方式。这种拼体力的粗放模式缺乏对人性的尊重，已不能应对社会发展对教育提出的挑战。

　　数字化时代，技术是助力学校变革的利器，应该加快推动技术与教育教学及管理的深度融合。我认为，技术赋能，着力点在于"赋学校所不能"，应该用AI赋能，构建各种教育教学和管理的智能化平台，破解一个个复杂的问题，让工作变得更加简约、智能和高效。

　　近年来，我们紧紧依托互联网企业领先全球的技术、人才、管理、课程等资源，将互联网人工智能、大数据、物联网等融入教育教学和学校管理中，将教师从繁杂的教育教学及管理的事务性工作中解放出来，提高工作效率，以此凸显未来学校的先锋气质。我们成立了由学校骨干教师和企业工程师组成的联合项目组，针对学校管理以及教育教学的关键环节，开展联合攻关，其目的是让工作变得更加简约、智能和高效。我们建立了智能校务、智能采购、智能教务、智能教学、智能学习、智能沟通等移动办公平台，让手机成为一个掌上的数字孪生校园。手机在手，无论走到哪里，学校工作都能正常运转，工作非常便捷和高效。

我刚到学校的时候，发现学校"一日三巡"报告中总会出现教室或功能室空调、电教设备不关等现象，通报、批评、曝光、公布班级用电量等各种方法都试过，还是不能消除这类现象。后来我们用物联网技术，将所有教室的灯具及电教设备进行联网，根据各教室和班级的作息时间和课表设定各类电教设备开关的时间，然后把所有的遥控器收掉，灯光、投影机、空调等根据提前设定好的时间自动开关，实现了校园设施设备管理的自动化、精准化，一个用传统管理方法无法解决的老大难问题就这样迎刃而解了。

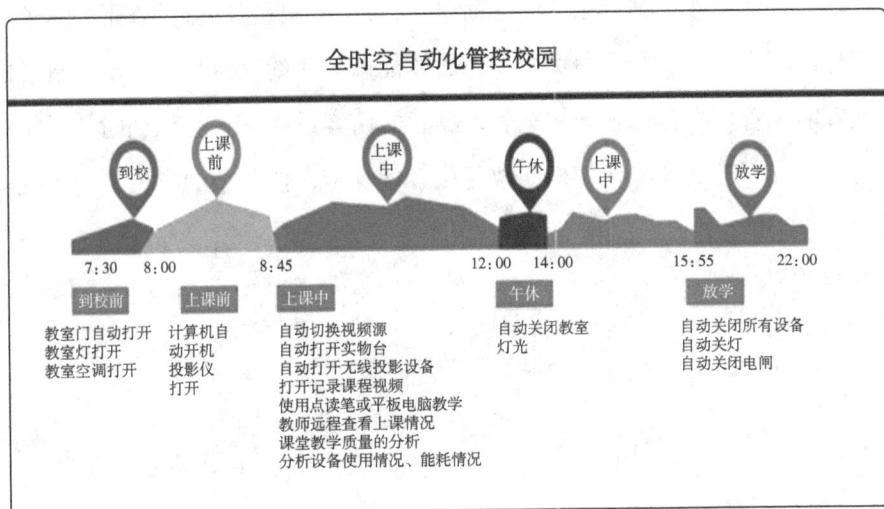

全时空自动化管控校园

到校前	上课前	上课中	午休	放学
7:30 8:00	8:45		12:00 14:00	15:55 22:00
教室门自动打开 教室灯打开 教室空调打开	计算机自动开机 投影仪打开	自动切换视频源 自动打开实物台 自动打开无线投影设备 打开记录课程视频 使用点读笔或平板电脑教学 教师远程查看上课情况 课堂教学质量的分析 分析设备使用情况、能耗情况	自动关闭教室灯光	自动关闭所有设备 自动关灯 自动关闭电闸

针对备课环节存在的集体备课、跨校区联合教研较难组织、易流于形式等突出问题，我们积极研发智能备课平台，突破集体备课、联合教研的时空局限，大大提高了教研的实效性。

针对传统课堂优秀师资分布不平衡的问题，我们通过直播课堂、双师课堂、远程课堂来解决。为了促进学生的自主学习，我们建立了一个虚拟学校，将教师们录制的优秀微课上传到网上，方便学生学习。我校一位高中数学老师的一节微课有几万人访问，而他在学校一节课所教的学生不超过40人，这给他带来巨大的成就感。互联网让传统的教师职业焕发出了生机。

针对作业环节存在的作业针对性不强、作业批改量大的问题，我们引入企业的智笔作业，促进学生作业和教师的及时反馈交流，让教师们从机械的作业批改工作中解放出来。我们组织学科教师与企业工程师联合研发学习小程序来提高学生的学习兴趣。很多企业小程序深受学生欢迎。

针对考试环节工作量大、费时费力等问题，我们建立智能化考试平台，实现了命题、组卷、改卷、批改和分析的智能化，大大提高了考试环节的效率。

针对评价环节中存在的评价单一等问题，我们建立了智能评价系统，从过去的重结果向重过程转变，使学生评价更加精确、客观和全面。

学校管理要善于把复杂的问题简单化，这才是真正的智慧。正如庄子所说"朴素而天下莫能与之争美"，怎么才能做到简约化？目前，学校建设的六大智能化管理平台、智能物联教室、智能访客系统、人脸识别门禁系统等推动了学校管理从人工化管理向数智化管理转型，使复杂的学校管理实现简约化、智能化、自动化、精准化。

第六节　从解构到重构，建设多元
共治的无围墙学校

1921年，美国著名经济学大师熊彼特提出"破坏性创新"的概念，他认为应从内部革新，在破坏旧的同时，不断创造新的结构。1997年，哈佛大学克里斯坦森教授再次在《创新者的两难》一书中提出："破坏性是找到一种新路径，找到一种新的生产函数和模式。"这种创造被称为创造性破坏者（Digital Disrupter，DD），它们往往是迭代创新、弯道超车或变道超车的初创企业，它们充满速度和激情。

教育的创新与发展也需要这种破坏性创新，即先解构再重构。当前，学校既往的单一主体性办学有其特定的传统和优势，但也面临着诸多弊端。当前，我国中小学主要分为公办和民办两大类。公办学校具有政府强力保障、教师队伍稳定、学校硬件强等优点，民办学校具有经营灵活、重绩效、资源来源广泛等优点。但公办学校大锅饭、铁饭碗、终身制造成一些教师职业倦怠以及民办学校办学经费投入不足、学校硬件差、教师待遇低、流动性大等问题长期困扰着学校，严重影响了学校的发展。

我校在推进学校变革时，首先聚焦决定学校发展的最关键因素——办学体制进行变革，凡能用体制解决的问题，就不用管理去解决。

我校参照世界发达国家或地区公立学校改革的成功范例，由政府举办，企业支持，双方成立一个基金会，每年持续向学校投入办学经费，用以奖励教学或支持学校课程改革，同时，政府按生均经费标准向学校全额拨付人员经费及办学费用。

学校不设行政级别，教师去编制化，实行全员聘任制，实行"十会治校"，由党委会、专家委员会、校务委员会、学术委员会、招标委员会、招聘委员会、教代会、学生会、家委会、膳食委员会等组成十个委员会，形成民主参与、多元共治的现代学校治理体系。

这种新型的办学体制有效整合了公、民办学校的办学优势，又克服了各自存在的体制机制问题。学校保留了公办学校的体制，确保政府角色不缺位，同时，有基金会的支持，学校经费来源更加多元，不仅有政府的强力支持，又有了企业的有力补充。同时，去编制化的用人模式使学校拥有了用人自主权、经费自主权、薪酬自主权、职称评审自主权、绩效考核自主权，可以依法自主办学，极大地激发了办学活力。学校的办学从单一主体走向了多元主体，建立了政企合作的新体制，学校积极引入全球领先的管理体系，建立了科学的岗位聘任制度、薪酬激励体系、职称评审制度、绩效考核制度等，全方位推进了学校的变革，极大地激发了学校发展的动能，办学活力和办学效益显著提升。

岗位聘任制度确保了用人自主权。学校招募了一大批社会各界精英加盟学校，还聘请大批家长作为客座教师，他们中有的是公务员，来校讲政府治理；有的是企业家，来校讲企业战略、市场营销；有的是律师，来校讲律师实务、法学概论；有的是医生，来校讲医学常识、紧急救护；有的是经济学家，来校讲投资理财、金融和贸易，他们把世界带进了校园。

薪酬激励体系确保多劳多得，优绩优酬。学校经费来源多元，工资总量高于同类公立学校的20%，为教师购买五险两金及补充医疗保险，让教师安心从教，形成了有吸引力的薪酬激励体系。同时，在企业薪酬团队的指导下制定了科学的薪酬方案，教师薪酬中固定工资占比60%，绩效工资占比40%，分配导向明晰，形成了人人争做班主任、人人争着多上课、人人争着课程开发的喜人局面。

职称评审制度打破了论资排辈的规定，教师职称评审过程民主透明，导向明晰。学校根据教师年龄构成及职称结构，制订了未来十年教师"专业技术岗位职数动态增长计划"，每年自主开展职称评聘，打通了教师的专业发展通道，让教师安心从教，激发了教师参与教育教学改革的积极性。

绩效考核制度打破了"轮流坐庄"，保证客观全面、注重实绩。每学期学校会组织一次教师360°绩效考核，考核内容覆盖教育教学成果、上级评价、同行评价、家长或学生评价等多个方面，评价后发放绩效奖，形成有效的绩效激励机制，极大地提高了教师工作的积极性。

阶梯成长工程打破了教师职业倦怠，青年教师起跑行动、骨干教师先锋行动、成熟教师领航行动等成长体系成为教师职业发展绿色通道，推动年轻教师、中级教师和高级教师的专业发展，强化教师发展的内驱力，促进教师主动发展。

学校通过一系列制度的建立，打破了铁饭碗、大锅饭、终身制的制度，有效消除了教师的职业倦怠，在公办与民办学校之间成功走出了"第三条道路"。

第三章

教育使命与学校担当

第一节　学校变革"五板斧"，
打造焕然一新的教师新团队

教师是学校的核心竞争力，一所学校的教育教学质量最终取决于教师的素质，表现为教师的活力、实力和魅力。活力是教师的工作状态，实力是教师的专业水准，魅力是教师的人格风范，这些方面除了受制于教师的个人因素，还受制于学校的办学体制、组织结构、制度体系、技术水平、学校文化。

近年来，我们致力于推动学校的系统变革，着力砍掉教师成长与发展的体制机制障碍，全面激发教师队伍的活力。

一、砍掉编制，用体制的力量激发教师

学校办学体制是决定教师发展的关键要素，教师队伍中出现的很多突出问题归根结底是体制带来的。因此，学校变革应首先聚焦办学体制，坚持凡能用体制解决的问题，就不用管理去解决。

教师编制是公办与民办两种办学体制中教师身份最大的不同。编制是个好东西，是教育的稀缺资源，能给教师带来巨大的安全感和获得感。但任何事物都具有两面性，编制也给学校带来许多突出的问题，如学校缺乏用人自主权；教师人数受到编制限制，无法满足教育教学需求，大班额现象严重；

编制管理中，教师职业是"铁饭碗"，教师没有退出机制，学校用人缺乏弹性，无法应对新高考选课走班带来的教师需求增加及学科教师结构失衡等情况；薪酬激励作用不足，存在"大锅饭"现象，职称评审、工资制度加剧了校内干群矛盾及新老教师之间的矛盾；教师职称是终身制，教师专业发展通道不畅，教师职业倦怠严重。

我们学校在建校之初就率先在公立学校中变革教师的管理方式，把砍掉编制当作学校办学体制改革的核心。学校保留了公立学校的性质，依然由政府财政拨款，但是教师实行聘任制管理，不入编制。

教师去编化管理给学校带来很多变化，首先是政府不再管学校的教师招聘和教师人数，学校有了用人自主权，消除了大班额现象，困扰学校的二胎政策和新高考带来的教师学科结构失衡等问题迎刃而解，学校用人更具弹性。同时，聘任制管理打破了"铁饭碗"机制，建立了退出机制，教师有了适度的压力，工作状态极大地提升，有效消除了教师的职业倦怠。去编后，学校建立了薪酬激励体系，打破了分配的"大锅饭"机制，极大地激发了教师队伍的活力。

二、砍掉权力，用结构的力量推动教师

在学校内部治理上，我们致力于构建一套民主参与、多元共治的现代学校治理体系，能用结构解决的问题，就不用管理去解决。改革的核心就是砍掉权力，推动将校长权力让渡给教师、学生、家长和专业机构。

人们常说："一个好校长，就是一所好学校。"这句话说得很好，强调了校长对一所学校发展的重要性。但我认为，过分突出校长的作用，学校管理也会失之偏颇，这并不符合依法治校的要求。一所学校如果没有一套成熟的内部管理机制和制度体系，在校长因调动、轮岗、退休等原因离开学校后，学校工作就会出现混乱的现象。

法国作家加缪说："不要走在我的后面，因为我不会引路；不要走在我

的前面，因为我可能不会跟随；请走在我的身边，做我的朋友。"加缪把自己的身段放得很低。校长应该像加缪一样放低姿态，平视教师，和教师做朋友，与教师一道成为学校教育的合伙人。

（一）"去中心化"组织结构

我们致力于推动学校从强人治校向依法治校转移，把改革的重点放在学校内部治理机制的构建上。我们参照互联网、区块链的组织结构特点，建立了"去中心化"的学校内部治理组织结构。坚持"十会治校"策略，组建十个委员会，将校长的权力让渡给相应的委员会。党委会的职责是把方向、管大局、做决策、抓班子、带队伍、保落实。党委会负责对学校工作的政治领导、基层党建、干部选拔和监督保障；校务委员会负责集体决策；学术委员会负责职称评审、课程建设、教学成果鉴定和学术活动组织；招标委员会负责采购招标；招聘委员会负责教师招聘；膳食委员会负责供应商招标采购和日常检查监督、菜谱审定；教师工会、家长委员会、学生会积极参与民主管理、民主决策和民主监督。

（二）"矩阵化"组织结构

除了"去中心化"，我们还积极构建"矩阵化"组织结构。学校治理一般有两种组织结构，一是科层化，二是扁平化，两种结构各有优劣。科层化有利于管理标准的统一，但也容易出现行政化、官僚化倾向，导致管理效率不高；扁平化的核心是打掉中层机构，管理重心下移，有利于提升管理效率，但容易产生各自为政、不同学部和校区管理标准不统一的弊端。我们坚持矩阵化管理，在垂直向的管理结构上，叠加若干水平向的项目化结构。学校层面建立了校务中心、课程中心、创新中心和四个学部，同时设立了十个委员会，这样就构成了一个有纵有横、纵横交错的矩阵化结构，避免了科层化和扁平化两种管理存在的突出问题。我们用这种矩阵化的结构，使学校领导聚焦学校发展战略，把握学校发展方向；让中层干部坚持到教育的第一现场去，到宿舍、到教室、到餐厅、到教室、到学生中去；让基层教师坚持教育教学一线，将学校战略意图和办学理念落实在日常教育教学中。

矩阵式管理结构适用于公司，公司所有的制度都应强化矩阵结构的思想，如充分授权、加强监督等。同样，矩阵式管理也可以应用到办学中。

（三）学校管理"简约化"

在坚持"去中心化"和"矩阵化"的同时，我们积极推动学校管理的"简约化"。学校管理非常复杂，每天遇到的问题很多，学校要有一套机制、平台和工具，能简化复杂，把复杂隐藏在背后。

三、砍掉人情，用制度的力量牵引教师

有人说：把好人放进坏的制度里，好人也会变成坏人；把坏人放进好的制度里，坏人也会变成好人。在过去三十多年的工作实践中，我常常发现，有很多教师，过去很优秀，工作很勤奋，很阳光，充满朝气，但到了有些学校后，就变懒了，变得不思进取，充满了负能量。教师如果有问题，我们一定要从制度层面去反思，看看制度存在什么缺陷，然后进行修正，使之产生积极作用。我们坚持，能用制度解决的，绝不用管理去解决。

四、砍掉低效，用技术的力量赋能教师

中小学教师的工作有许多是简单机械的体力劳动，时间久了容易导致职业倦怠，造成工作效率低下。能不能用技术的力量把教师们解放出来？我们在教育教学的一些关键环节，如备课、上课、作业、辅导、考试、评价等环节进行了认真研究，力图用技术去撬动教师工作链的整体优化，去解放教师，激活学生。

针对备课环节存在的集体备课、跨校区联合教研较难组织、易流于形式的突出问题，我们积极研发智能备课平台，突破集体备课、联合教研的时空局限，大大提高了教研的实效性。

针对传统课堂优秀师资分布不平衡问题，我们通过直播课堂、双师课堂、远程课堂来解决。

针对评价环节中存在的评价单一等问题，我们建立了智能评价系统，从过去的重结果向重过程转变，学生评价更加精确、客观和全面。

教育教学和管理工作的智能化，把教师从简单机械、费时费力的机械劳动中解放出来，把精力转向育人和对教法的钻研上，在更具艺术性和情感性的工作上下功夫，大大提高了工作效率和育人质量。

五、砍掉平庸，用文化的力量感召教师

教师不同于其他职业，除了需要文化的认同外，还需要有精神和文化的力量去感召。

文化对人的影响是持久深远的，就像一个陈年的紫砂壶，就算没有茶叶，你把开水放进去一会儿，也能喝出茶的味道。这是文化的作用，文化对人的渗透影响远远超过了灌输和说理。一所学校毕业的学生，学校文化给学生带来的影响力不会弱于知识本身。比如北京大学和清华大学的毕业生，北京大学的学生更具有批判精神，清华大学的学生比较务实严谨，他们的身上都打上了学校文化的烙印。

学校文化如何建设？我认为核心要素是使命、愿景、价值观，环境、课程、方法论。我们学校确立的教育使命是：建设自由开放的未来学校，培养引领时代的创新人才。我们没有把学校定位为一所普通的区域优质学校，我们确立的愿景是：在世界坐标内创造中国学校的新样态。我们以此愿景提升教师的使命感。我们确定了全校师生高度认同的校训：明德正心，自由人格；将学生特质定位为：自主、自律、自强；将教师特质定位为：活力、实力、魅力，以此形成我校教师共同的价值准则。

环境是文化的外在气质。近年来，我们对学校环境进行了系统的改造，并将文化建设和课程建设融为一体，协同设计。我们建设了智能制造空间、

自然生态空间、互联网创新空间、艺术创意空间、人文阅读空间等开放式学习空间，每个空间都引入深圳头部企业共建各类创新实验室。我们把过去压抑的、灯光昏暗的教学楼一楼大厅建设成时尚、现代、明亮的四季大厅，使之成为学校最亮眼的会客厅，集中展示学校创新季、人文季、体育季、艺术季等活动课程的成果。气质出众的校园增强了教师对学校的认同感，凸显出学校独特的精气神。

课程是文化的载体，为此我们确立了共同的课程思想：要让不同成为更大的不同，不要让不同成为相同。我们确立的课程目标是：培养学生核心优势，让学生成为最好的自己。我们坚持释放天性、尊重差异、多元发展、最优成长的课程策略，坚持小班制、分层制、模块制、选课制、书院制、导师制的课程模式。我们构建了基础课程、拓展课程、特需课程组成的1+N课程谱系，既反映了国家意志，凸显了学校特色，又体现了学生意志，满足了学生的个性需求。

总之，我们通过体制、结构、制度、技术和文化这五大力量，砍掉编制、砍掉权力、砍掉人情、砍掉低效、砍掉平庸，不断激发教师队伍的活力，努力推动学校从传统学校向未来学校转型，力图在世界坐标上构建中国学校的新样态。

（在第六届中国教育微创新理事年会上的演讲）

第二节　新时期学校德育要实现四个转变

德育是塑造人灵魂的工程，具有较强的科学性，要遵循学生道德和心灵成长的规律。目前，学校德育存在着许多突出问题，严重影响了德育的实效性。我认为，学校德育工作要实现以下四个转变。

一、贴近生活，德育目标由"高大全"转向"近小实"

目前，德育普遍存在着标准过高过深、目标与内容脱离学生现实生活的弊病，难以唤起学生内在的热情，容易走向抽象、虚假的困境，表面上热闹非凡，实际上却收效甚微，甚至适得其反。要从根本上改变这种状态，学校就不能把德育视作孤立于社会之外的象牙塔，而必须从自身与外界的连接中重新审视德育，将德育的边界打开，实现社会化资源协同，重建学校德育新生态，以更好地应对未来世界的变化。英国教育家怀特海曾说过："教育只有一个主题，那就是多姿多彩的生活。"由此可见，当前学校德育的落脚点应该放在日常生活上，从文明细节入手去培养学生，而不是让学生进入理想化的德育环境，与现实生活割裂开来。

我们要坚持将德育融入学生的真实生活，按照"低起点、慢速度、多落点"的教育原则，让德育目标近一点、小一点、实一点："近"就是对学生的要求与生活实际贴近些，不好高骛远；"小"就是要求学生从生活小事做起，以小见大；"实"就是工作要实在、具体、不抽象，要求看得见，摸得着，便于学生理解、掌握、执行。比如"关爱"的意思比较抽象，我们必须把它具体化，如见到老师要主动打招呼、长辈生病了要主动端水送药等。"近、小、实"会使德育目标更接近生活，更形象，更易于学生接受。

我们要坚持生活即教育、社会即学校、世界即校园的理念，将德育与社会生活打通，既关照德育的独立价值，也要关照德育与家庭、社会、自然的融通，把真实的世界和学生的真实生活作为最好的教科书，以真实问题为支点，向社会、向生活要资源，将"教材是学生的全部世界"变为"世界是学生的全部教材"。学校要建设无围墙学校，让学生聆听窗外的声音，关注外面的世界，亲近自然，走进社会，把社会作为学校，把世界作为教科书，把公共危机事件作为学习内容，把灾难和危机作为必修的人生大课，从中读懂世界，读懂社会，读懂自然，实现德育世界与现实世界的有机统一。同时，学校德育要立足养成教育，从文明的细节入手，教育学生把小事做细做精。

二、夯实基础，德育内容由重"宏观与战略"转向重"微观和细节"

世界上，想做大事的人很多，但愿意把小事做细的人很少。我们的校园里不缺少雄才大略的梦想家，缺少的是精益求精的执行者；不缺少各类规章制度，缺少的是对规章制度不折不扣地执行。因此，我们必须改变心浮气躁、浅尝辄止的毛病，提倡把小事做细、做专。

在企业界，由于对细节问题的高度重视而长盛不衰的优秀企业不在少数，这些企业的精细化管理程度之高，在他人看来几乎到了苛刻的地步。

以某餐饮行业为例，其产品背后有一套严格的管理制度和质量标准。如炸鸡时，除了严格控制油温和时间外，他们还规定了细致的流程，如炸到第15秒时将鸡块向左翻动一次，炸到第24秒时，将鸡块向右翻动一次。另外，他们对各种佐料的分量、切青菜与肉的先后顺序、烹煮时间的分秒限定等上百道工序，都做了严格的规定。

对学校来说也是如此，凡是名校都主张从神经末梢去抓管理、从细微之处看教育。天津南开中学以严谨扎实的办学态度培养了两位国家总理及大批国家栋梁，其"面必净，发必理，衣必整，纽必结；头容正，肩容平，胸容宽，背容直；气象：勿傲，勿暴，勿怠；颜色：宜和，宜静，宜庄"的"容止格言"至今矗立在校门口，成为南开百年来教育的立足点。学校成功与否，固然有战略决策等宏观方面的原因，但更重要的原因在于决策之后的小事是否做得足够好，是否把宏观的战略细化并推行下去。德育成功与否也是如此。教育的成功固然离不开宏观的教育体系与创新，但更重要的因素在于是否注重微观的文明细节的养成。对于教育工作者来说，教育无小事。

三、强化养成，德育实践由重"强化认识"转向重"行为训练"

在这一点上，我主张德育要向智育学习。就智育而言，学生获得的知识具有长期的稳定性，如化学的元素周期表、物理的万有引力等。而德育所给予学生的价值观，其稳定性、牢固性与智育相比差之甚远，特别是在社会、环境、人生的大的变动时期，往往会发生动摇，产生矛盾，甚至出现巨大的令人吃惊的变化。究其原因，我认为关键在教育方法——智育在传授知识过程中更注重训练，而德育长期以来重灌输、轻训练，甚至没训练。

智育全方位地渗透在学校的一切课程中，并以大大小小无数练习、考试、评价强化着，一点一滴地被落实着，从学校、社会到家庭几乎无孔不入地被认同着。如果说智育采取了100条措施，条条在落实，那么德育就只有几条措施，而且条条难落实。多年来，德育主要依靠一年发几个文件、召开几次大会、组织几次活动及有限的政治课来实施。加上德育本身在理论和形式上"失真失实"等缺陷，就造成事实上的"智育第一"和理论上、文件上、口号上的"德育为首"的尴尬局面。

德育应该学习智育的育人方式，由重单向灌输、强化认识向重行为训练转变。实现这个转变要做到以下三点。

一是要持之以恒，德育工作需要长期坚持。"习惯成自然"是需要时间的，不可性急。即使学生开始按你的要求去做了，那也只能叫行为而不叫习惯，稍一疏忽，学生的行为就会像弹簧一样又恢复到原来的样子，因此要有耐心，要不怕反复。而且，低年级训练过的内容，中高年级还要重复训练，以便巩固和提高。

二是要宽严适度。制定了训练目标后就要严格要求，向着目标奋斗，不见实效不收兵。纠正坏习惯、培养好习惯是一个痛苦的过程，不严格要求不可能成功。对学生要常怀仁爱之心，但不能因为爱而失之以宽，要寓爱于严、严爱结合，通过严达到真爱。

三是要重视检查、评价和总结，用检查、评价和总结及时监控德育过程，检验德育工作效果。

四、注重融合，德育途径由"孤军奋战"转向"融合创新"

世界是充满联系的，但现实生活中学校的德育却常常是孤立的。长期以来，学校教育存在"长于智、疏于德、弱于体美、缺于劳"的五育失衡问题，已经引起了社会各界的广泛关注。习近平总书记在全国教育大会上强调：培养德智体美劳全面发展的社会主义建设者和接班人。这就要求我们把促进学生的全面发展作为出发点和落脚点，做到五育融合。

一是促进德育与学科融合。学校应转变思想观念，打破传统学科的壁垒，树立跨学科、超学科的课程思想，探索德育与学科融合发展的有效途径，将社会主义核心价值观融于各学科教育教学全过程，聚合各类课程资源和课程要素，培养明理尚德、文理兼通、身心健全、素质全面的综合型人才，培养学生的大格局和大视野，促进德育方式的根本变革。

二是促进德育与五育融合。要建立健全以立德树人为统领的德育课程体系，构建完善的德育工作队伍；要着力培养学生认知能力，促进学生思维发展，激发学生创新意识和学习兴趣，提高学生学习能力；要坚持"健康第一"的理念，扎实开展阳光体育活动，全面落实《学校体育工作条例》和《国家学生体质健康标准》；要将艺术课程和艺术课外活动作为实施学生美育的重要载体，在开设好音乐课、美术课的基础上，开设丰富的艺术校本课程和艺术社团，提高学生的审美能力和艺术素养；要将劳动观念融入课程体系建设之中，不断优化课程设置，开发技能类和科技类课程，在提升劳动技能的同时，培育劳动观念，让学生成长为对社会有用的人。要打破五育的边界壁垒，打通内在联系，让五育的理想和目标渗透于日常的教育教学之中。

三是促进德育与技术融合。当前，移动互联网的迅猛发展，给学校德育工作带来了许多新问题和新挑战。我们要积极推进"互联网+德育"模式的研究，用互联网技术撬动学校德育的深刻变革，用互联网思维更新德育观念，改进德育方法，拓展德育内容，创新德育模式，构建"互联网+"背景下的德育新机制、新途径，让德育由教会顺从转向学会选择，由封闭转向开放，增强教育对象对多种意识形态、多元价值取向的辨别能力，使他们在多元价值观念中保持必要的张力。

21世纪是现代文明的世纪。学校德育要承担拯救人类道德危机的责任，为人类文明做出贡献，就要在理论和实践层面更加脚踏实地，实现新的转变。

（本文发表于《教育家》杂志）

第三节 新时代城市学校劳动
教育的路径探索

2020年3月，中共中央、国务院发布的《关于全面加强新时代大中小学劳动教育的意见》（以下简称《意见》），对新时代劳动教育做了顶层设计和全面部署，把劳动教育摆在"五育并举"的新高度，纳入人才培养全过程，同时进一步明确要建立以学校为主导、家庭为基础、社区为依托的协同机制，这体现了国家对培养新时代高素质劳动者的决心与智慧，其意义重大，影响深远。深圳明德实验学校（集团）是一所由政府举办、企业支持的12年一贯制新型公办学校，采用去行政化去编制化全新办学体制。学校对标全球一流教育，参照世界各国公办学校改革的成功范例，立足深圳建设中国特色社会主义先行示范区和粤港澳大湾区的城市发展定位，坚持"建设自由开放的未来学校，培养引领时代的创新人才"教育使命，坚持"打开边界，融通未来"办学理念，系统推进体制、空间、课程、学习、技术和人才变革，致力于建设中国特色社会主义先行示范区的改革标杆学校。为贯彻落实国家关于中小学开展劳动教育的要求，学校大胆整合，科学设计，系统开发，根据深圳城市发展与学校实际，在继承传统劳动教育经验的基础上，充分利用深圳高新技术产业资源，初步形成了具有自身特色的劳动教育新模式。

一、新时代劳动教育的理念

由于中小学现行课程体系建立在工业革命的基础上，学科之间、五育之间存在着坚固壁垒，彼此独立并相互割裂，教育严重脱离生活，以致普遍存在过度功利化教育、畸形放大教育的工具理性、淡化教育的价值理性等现象。传统的劳动教育也是如此，它常常孤立于社会生活而独立存在。劳动教育具有社会性，必须加强与社会生活的联系，帮助学生通过劳动认识社会，增强社会责任感。同时，劳动教育具有实践性，应当直面真实生活，强调真实体验，鼓励学生注重实操，在实干中感受积极的劳动体验。

近年来，我校充分贯彻企业的现代管理理念及全球领先的互联网技术，创新劳动教育理念与范式，突破劳动教育的时空限制，打开劳动教育的边界，促进劳动教育与现实生活、家庭社会、现代科技、学科课程的深度融合，实现社会化资源协同，让生活赋能劳动教育、社会赋能劳动教育、科技赋能劳动教育、学科赋能劳动教育，探索出新时代城市学校劳动教育的实施路径。

二、新时代城市学校劳动教育的实践

（一）将劳动教育与现实生活相融通

英国教育家怀特海说："生活是教育的灵魂。"美国教育家杜威认为，所谓教育原则和教育方法，无非是在日常生活教育和学校教育之间寻找平衡点。中国教育家陶行知先生说："教育的根本意义是生活之变化。"当代的教育改革应当充分贯彻落实这些中外教育家强调的"教育应回归生活"的理念，在改革中不仅要关切劳动教育的独立价值，而且要融通劳动教育与学生的现实生活，注重将学生的真实生活作为教科书，以真实问题为支点，在现实生活中寻找资源，实现"将教材作为学生的全部世界"向"世界是学生的全部教材"的转化。

我校坚持"生活即教育、社会即学校、世界即校园"的理念,积极创建真实的劳动场景,突破围墙对劳动教育的阻隔,让劳动教育活动成为生活,实现教育世界与生活世界的有机统一。学校建设了"开心农场",学生可通过租赁的方式成为"小小农场主",在租赁的土地上进行播种、施肥、浇水、捉虫等劳动。学校在教学楼屋顶上建立了"中草药种植园",让学生参与中草药种植,学习了解医药知识。学校开设了"种植与观察"课程,设计了"我的小菜圃"项目化学习,让学生在种植的同时,通过观察植物生长的要素设计植物名片、记录生长过程、完成观察日记、汇报交流成果。成熟后的植物,学生或在校园内售卖,或与家人、亲友分享。学生在种植中体会劳动的不易,在收获中感悟劳动的快乐。学校开发了午休午托"生活滋养"课程,对餐前、餐中、餐后进行设计,由学生自主管理。过去由家长义工帮忙承担的分餐、打扫、回收等工作,改由学生自己承担,促使学生成为独立自主的劳动者。学校开发了"校园职业体验"课程,该课程通过挖掘校内劳动资源,开展图书管理员、校广播站播音员、小记者团记者、美术展助理、"海豚"法院小法官等职位的招募和竞聘活动,每月还有校园代币做薪酬。职业体验让学生懂得了劳动有分工,劳动能创造价值,感受劳动的不易和获得感。

纸上得来终觉浅,绝知此事要躬行。引导劳动教育回归到真实生活中的劳动实践,既能使学生在参与中体会劳动的乐趣,又能让学生获得劳动认知,理解"劳动创造更美好的生活"的理念。

(二)将劳动教育与家庭、社会相融通

开展劳动教育离不开家庭的支持。当前,很多家庭对劳动教育缺乏应有的重视,一些父母过度溺爱孩子,对家务劳动包办代替。我校不断强化家庭在劳动教育中的主体责任,使劳动教育切实融入家庭日常生活,鼓励学生参加家务劳动,树立崇尚劳动、尊重劳动的良好家风。同时,充分利用社会各方面资源,多渠道拓宽劳动实践的场域空间,将劳动教育课程实施的地点向校外拓展,如少年宫、博物馆、文化馆、图书馆、科技馆、公园、农场、工厂、职业院校、劳动教育基地等，让劳动教育延展到社会、家庭之中，使校内劳动教育课程与校外劳动实践相互补充。

寒暑假、小长假、双休日期间，学校令发布居家劳动指南，为学生居家劳动提出了建议和具体指引，学生依据指引在家长的引导下承担力所能及的家务。在劳动的过程中，学生感受到了家庭劳动的不易，对父母多了一份感恩之心，家庭回归了劳动教育的主阵地，家长成了孩子劳动教育的引领者和陪伴者。此外，学校积极挖掘校外劳动教育资源，因势利导地采取多种方式开展劳动教育，带领学生走出校园，走进真实的社会，让学生成为独立自主的人。学校依托深圳市福田区劳技教育中心，定期组织初中学生开展为期一周的劳动技能教育，让学生学习剪纸、刺绣、烹饪、摄影、服装设计、激光雕刻、3D打印等创意创新劳动，培养其劳动技能。学校每学年组织志愿服务课程，让学生参与社区志愿劳动：在公交站协助指挥交通，在图书馆整理书籍，在无偿献血站指引人群，或参与拍摄深圳博物馆志愿者宣传片。这让学生在服务社会的过程中激发社会责任感。疫情期间，学校教师积极报名，投身到抗疫第一线，参加抗疫志愿服务，以身作则，为学生劳动教育树立了榜样。两会前夕，学校组织以"我为两会写提案"为主题的社会实践，开展"公共议事与社会参与"主题教育活动。学生通过认真调研，交出了有关发展绿色金融、防范高空抛物、解决违规停车、禁止吸烟、为老年人在疫情期间查验健康码提供便利、改善学生饮食状况等一份份有质量的提案，锻炼了学生的实践能力，激发了其社会责任感。

读万卷书，行万里路。学校在寒暑假经常组织学生奔赴贵州、海南、陕北的山村研学，将劳动教育的阵地拓展到广袤的山村中。学生通过研学活动，参与农事劳作，体味淳朴民风，领悟农耕文化。学生体验之深刻、收获之丰富，是在熟悉的都市中难以获得的：每一食，便念稼穑之艰难；每一衣，则思纺织之辛苦。

（三）将劳动教育与现代科技相融通

当前，人类已经进入信息时代，互联网、大数据、人工智能、虚拟现实技术、5G技术、新能源、新材料、生物技术等对社会生活的各领域有着巨大冲击。人们的生产和生活方式正在发生深刻变革，新的劳动形态不断产生，同时伴随着旧的劳动形态不断消亡。我校按照《意见》中有关"针对劳动新形态，注重新兴技术支撑和社会服务的新变化"要求，改变传统劳动教育模式，将现代科技不断渗透到劳动教育中，充分运用现代科技为劳动教育赋能，以使学生适应未来社会发展的要求。

学校积极挖掘社会劳动教育资源，利用深圳高新技术产业的独特优势，聚焦战略型新兴产业，引进数十家深圳龙头企业或政府机关单位，进校共建各类创新实验室，开发校企融合的跨学科课程，打造体系化STEAM中心，开展项目化学习，进而打造国际一流的科技创新教育特色学校。目前，学校已经建成了航空航天实验室、汽车工程实验室、仿生机械实验室、数字制造实验室、海绵城市实验室、河道治理实验室、生物基因实验室、海洋资源实验室、扫描电镜实验室，正在建设人工智能实验室、大数据实验室、智能物联实验室、虚拟现实技术实验室、5G技术实验室、服装设计实验室、产品设计实验室、动漫设计实验室、影视制作实验室等，为学生提供了与深圳城市发展相匹配的丰富的劳动实践课程。学校开发了以实验室为依托的跨学科实验室课程，如3D打印、光固化打印、数控机床、激光雕刻、飞机驾驶、固定翼飞机、机甲大师、电动汽车、仿生狗原理、河道治理、污水处理、海绵城市设计、基因组序、室内垂直农场、绿色雕塑、无土栽培、微观世界观察、海上航运及国际贸易、海上养殖、海上石油开发、服装设计及剪裁、时装表演、中外服装发展史、自媒体设计制作、摄影摄像、数字媒体、工业设计、动漫设计等，并开展任务、问题、项目驱动的深度学习。在校园里，劳动教育已展现出不同以往的科技创新特质。为减少校园内"开心农场"的菜叶虫害，学生们运用人工智能技术设计了基于AI图像识别技术的菜园虫害监测系统，完成虫害统计的AI自动化全流程监测。在生物基因实验室内，学生们探索无土栽培蔬菜种植技术，体验绿色农业的劳作流程。在汽车工程实验室中，学生们利用VR虚拟现实技术在沉浸式环境中感知新能源汽车制造的过程。在数字制造实验室，学生们学习运用3D打印机、激光雕刻机、数控机床等数字化加工设备，通过计算机辅助设计技术进行多种材料的加工与综合创新设计制造，发明了智能中药箱、新型折叠洗手台等多种产品，并申请了专利。

明者因时而变，知者随事而制。学校将劳动教育与现代科技相融通，让现代科技赋能劳动教育，把科技创新作为现代劳动技术教育的重要抓手，让学生们开阔了视野，了解到最新的科技成果，激发了创新创造的热情，学生的科学精神和创新思维得到了不断提高。

（四）将劳动教育与学科课程相融通

劳动教育是一项综合性的活动，不仅有技能学习和动手实践，还需要多学科知识的参与。

我校积极推动劳动教育与学科教学相融通的模式，积极挖掘学科课程中蕴藏的劳动教育的丰富资源，打通学科课程与劳动教育的屏障，在学科教学中融入（渗透）劳动教育，寓劳动教育于学科教学中，让劳动教育在各学科的课堂中随时随地真实发生。如在政治、语文、历史、艺术学科教学中，融入引导学生重视辛勤劳动、诚实劳动等教育；在数学、科学、地理、技术等课程中，引入培养学生科学态度、效率观念和创新精神的教育。科学课是一门以动手实验为主的学科，我们开设了种植与观察、动物养殖与观察等课程，让学生亲自动手，实际感受劳动的过程，体验劳动的成果。学校还进一步引导学生将数学中的抽象逻辑思维、物理化学中的科学创新思维及通用技术中的编程思维等与实际劳动相结合，创设诸如设计机器人、进行3D打印等新劳动形式。信息技术课程注重手脑结合，从机器人拼装到程序设定，体力劳动和脑力劳动贯穿其中。艺术创作是基于生活的创造性劳动体验，学校组织"明德文创产品征集活动",学生以校园文化为主题进行设计,研发出了校服、钥匙、挂件,学生美术作品帆布袋等文创作品,让劳动教育活动沁润了艺术表达和时代气息。学校建设了智能制造空间、自然生态空间、互联网创新空间、艺术创意空间、人文阅读空间等跨学科的学习中心,开设STEAM课程,开展主题式、项目化、探究性学习,让学生在动手设计和制作的项目中,培养肯吃苦、勤动手、敢创造的劳动品质。学校还组织"明德最美劳动者"比赛,让学生用朴实的文字记录劳动、赞美劳动,树立正确的劳动价值观。

随风潜入夜,润物细无声。今后,我们还将不断优化学科资源,在学科中巧妙融入劳动教育,充分挖掘各学科中潜在的劳动教育资源,形成劳动教育与各学科的有机耦合。

三、新时代城市学校劳动教育的思考与展望

近年来,我校在劳动教育校本化实践中,打开了劳动教育的边界,推动劳动教育与现实生活、家庭社会、学科课程、现代科技的融通,促进了劳动教育的转型发展。未来,我们将在以下方面继续努力。

一是进一步推动社会生活赋能劳动教育。我们将创设更多真实劳动的问题情境,结合项目化学习,以解决现实问题为导向,让学生成为主动探索者,在动手实践、解决问题的劳动中提升劳动素养。二是进一步推动学科教学赋能劳动教育。继续推动学科教学与劳动教育相融合,发挥学科主渠道作用,在学科教学中融入劳动价值、劳动技能、劳动素养教育,让劳动育人润物无声,促进学生全面发展。三是进一步推动现代科技赋能劳动教育。充分利用校企联合创新实验室,进一步将传统劳动与科技创新相结合。充分发挥深圳科技创新、产业配套的资源优势,以科学思维引领科技创新,探索科技引领型劳动教育新模式。四是进一步推动德智体美赋能劳动教育。"德育不好是危险品,智育不好是次品,体育不好是废品,美育不好是廉价品,劳动

教育不好是赝品。"当前，学校教育普遍存在着"长于智、疏于德、弱于体美、缺于劳"的五育失衡情况，我们要做到五育融合，在教育中做到以德为首，以智为干，以体为骨，以美为翼，以劳为基，实现以劳树德、以劳增智、以劳强体、以劳育美和以劳创新的育人目标。

今后，我们将继续加强劳动教育课程体系建设，积极搭建融完善体系、丰富资源、多样模式、健全机制为一体的完整劳动教育体系，切实增强劳动教育与生活、社会、家庭、科技、学科的关联度和衔接度，使劳动教育成为"五育"的"筋骨"，以一育带动全育，让学生在科技赋能、生活赋能、社会赋能、学科赋能的劳动教育中获得成长，更好地发挥劳动教育的综合育人作用。

（本文发表于《教学月刊》）

第四节　教育转型与课程重构

　　近来，深圳发展面临一个个重大机遇。粤港澳大湾区建设成为深圳新时代改革开放的总牵引，成为开拓高质量发展的大机遇。建设中国特色社会主义先行示范区是中央给深圳的新定位、新目标，是中央对深圳的寄托与新时代新使命的赋予。深圳教育应深度对接中央要求、港澳所需、湾区所向、深圳所能，立足全球教育坐标，对标世界一流教育，在更高层次上谋划学校发展，推动教育变革，创造全球标杆城市的教育样板，增强深圳教育先行示范作用和大湾区核心引擎功能，引领深圳、香港、澳门教育生态圈建设，向全球教育攀升。

　　我关注到近年来坪山区在推动教育发展的时候，通过抓学位建设和人才战略不断提升教育硬实力。今天，坪山又把目光放到提升教育的软实力上，把课程改革作为切入点，推动和提升坪山教育内涵发展，这是非常有眼光的，展示了坪山推进教育发展的气魄及专业水准。

　　我认为教育的核心力量是学校，学校的核心力量是课程。课程变了，学生就会变；学生变了，学校就会变；学校变了，整个教育就会变。今天论坛的主题是"面向未来的课程变革"，我认为抓住了教育变革的核心问题。为什么这么说？

　　时代前进和发展的步伐在提速、在加快。现在，移动互联网正在改变着人类社会，技术的整体性突破也给我们的生产和生活方式带来巨大变化。与

20年前相比，我们的生活方式已完全改变。

目前，互联网、大数据、云计算、虚拟现实技术、人工智能等正在启动，对社会各行业及传统教育带来冲击。学校置身于一场大变革的前夜，如果不努力，也将会被时代所淘汰。但是，在这个时代变迁的历史背景中，教育显然要沉寂得多。有两个问题曾困扰中国教育界多年。

第一是李约瑟之问。李约瑟是英国著名学者，是一名研究中国问题的专家，是一名中国通，他曾撰写了15卷的《中国科学技术史》。在这本书中，他提出一个振聋发聩的问题：尽管中国古代对人类科技发展做出了很多重要贡献，但为什么科学和工业革命没有在近代的中国发生？

第二是钱学森之问。钱学森曾这样感慨：为什么我们的学校总是培养不出杰出人才？

这两个问题长期困扰着中国教育界，社会各界都在寻求其中的原因和答案。虽然过去了几千年，其实学校教育的形态并没有发生太大的变化，讲授型课堂教学方式仍占主流，标准化课程体系、封闭化的学校教育、学科化的课程形态并没有发生根本改变。

2019年是美国教育家杜威访华100周年，杜威曾在1919年访问中国，因为五四运动爆发，他在中国停留了两年，两年中，他以"贫民的教育"为题到各地演讲，对中国教育产生了深远影响。因此，面向未来，教育必须转型，课程必须变革，否则教育将会被时代所淘汰。

那我们的课程应如何变革？我想，应该是用理念的力量去推动，用开放的力量去推动，用科技的力量去推动，用体制的力量去推动。

一、理念重树，从标准走向个性

画家丰子恺100年前画的一幅漫画，其讲述的是一个模子做教育。其实，100年后的今天，这种教育仍然在延续。

如果一个医生不管病人什么情况都用一种药，说他的药包治百病，那这个医生一定是一个庸医。而在一所学校，有几千名学生，他们的个性特长、智力水平千差万别，但我们的课程却是一样的，很少去关注学生个性化的东西，这跟庸医有什么区别？

美国管理学家彼得曾经提出了一个著名的木桶原理，他说决定木桶盛水量的，不是最长的那块木板，而是最短的那块木板。我认为这句话在某些领域有一定道理，但对人才培养来说，却是一个悖论。现在有人提出了一个反木桶理论。如果把木桶倾斜换一个方向，盛水量不一定取决于最短的木板，有时候取决于最长的木板了。

人才往往并非十全十美，如爱因斯坦在学生时代，被教师怀疑智力有缺陷，林肯曾经因为口吃受人嘲笑，但这些都不影响他们成为著名的科学巨匠和政治领袖。

这个世界上，每个人都是不同的，因为基因不同，所以身材、相貌、性格都会不同。我们没有必要对学生求全，不要老是与基因较劲。

意大利诗人但丁说过："世界上本没有垃圾，只有放错地方的宝藏。"学生有差异没有差距，有个性无好坏，有类型没等级，每个人都有与众不同的地方。我经常跟学生分享一首诗：山有山的高度，水有水的深度，没有必要攀比。风有风的自由，云有云的温柔，没有必要模仿。

我们要推动课程从标准化向个性化转变，要打造学生的长板，让学生成为独特的自己。要让不同成为更大的不同，而不要让不同成为相同。

所以我们确立的课程思想就是：顺应天性，尊重差异，多元发展，最优成长。我们的课程目标是：培养学生的核心优势，让学生成为独特的自己。

为此我们实行小班制，一个班35~40人。我们实施分层制，根据学生的学习程度将部分学科分为不同层次的班级进行授课。我们实施模块制，根据学生的兴趣，按模块走班教学。我们还实施选课制、导师制、学分制等，力图让每个学生都受到关注，提高教学的针对性。

二、课程重构，从线性走向立体

我校根据国家的要求，结合学校和个人的需求，对课程进行了科学规划。我们的课程是由基础课程、拓展课程和特需课程组成。基础课程体现的是国家意志、社会需求，拓展课程体现的是学校的意志、明德的特色，特需课程体现的是学生的意志、个性的需求。

基础课程、拓展课程、特需课程是"1+N"的关系，拓展课程和特需课程是围绕基础课程，聚焦学科核心素养开设的。因此，我们的课程是丰富的，同时又是系统的、聚焦的，这样既保证了基础课程的质量，又提升了学科核心素养，有效平衡了学生综合素质与学生学业成绩的关系。我们在做课程改革的时候，先做加法，再做减法。学校的课程不是越多越好，如果多而杂乱，不能聚焦到人才培养目标和学科核心素养就没有效果，反而会增加学生负担。

同时，学校积极开展跨学科整合课程的开发，推动课程从分科走向综合。人们常说，头痛医头、脚痛医脚的医生一定是个庸医，因为他没有整体的观念，不能全面地看问题。我们在现实生活中也是如此，我们生活中遇到的问题不可能是单一学科知识能够解决的，必须各学科协同解决问题。但传统学科之间存在着坚固壁垒，互相割裂，缺乏联系。

我经常用图钉来说明我们的课程形态。要把一个图钉按进木头里，取决于两大要素：第一钉尖要足够尖，第二上面的平面要足够大，二者缺一不可。人才培养也是如此，所谓人才必须具备两种基本的能力，一是垂直的能力，这是分科教学带给他的能力，即他的专业水平。二是水平的能力，这是跨学科运用知识的能力，即他的综合素质。因此，学校要坚持分科教学的核心地位，同时，积极开展跨学科教学，开发无边界课程，超越学科学习和探索。

三、资源重整，从知识走向生活

传统课程的资源来自教材，容易脱离现实生活。我经常把照本宣科、脱离生活的教学比作将海鲜干货不经泡发、处理、加工和烹饪就直接塞到学生的嘴里，这是一种教育的暴力。历史课脱离生活就索然寡味，政治课脱离生活就是空洞的说理，数理化脱离生活会让学生望而生畏。脱离生活的德育就是灌输式的、说理式的德育，就如同人体虽然需要盐，但如果将盐直接塞进学生的嘴里，就变成一种教育的暴力。灌输式、说理式德育如同直接吃盐式德育，会导致德育的低效，甚至会出现负效。

要将课程贴近生活，从学生的生活中挖掘资源，让学生们感知生活跳动的脉搏。我曾听过一节物理课，教师在课堂导入时提出一个问题：一艘万吨巨轮在海面上为什么不会沉没，而一根针丢到海里立即沉没？学生思考片刻后回答说是浮力，学生积极性立刻被调动起来。我们学校开设了一片植物园，我们有一个课程是"种植与观察"，学生每天写观察日记。我们将小学生午休午托设计成"生活滋养课程"，对餐前、餐中、餐后进行了设计，由学生自主管理，实现生活自理。过去每天中午有100多位家长会来校帮忙分餐和做其他服务工作，现在家长们全部撤离学校，不仅家长们很高兴，学生的能力也得到了锻炼。我们还开设了职业体验课程，在校园设置了上百个岗位，让学生们竞聘上岗，有虚拟的工资和薪酬，还有虚拟货币——海豚币。海豚币设计得很漂亮，里面有金额，学生可以用挣到的海豚币在图书馆借阅书籍或者是看电影，或者在校园美食节买食品。学生特别珍视海豚币，这也是评价手段的创新。

我们还有许多课程都来源于生活。我们坚持"打开世界，融通未来"的办学方略，推动课程从封闭走向开放。国外的学校无论是大学还是中学，校门都很小，即使是哈佛大学这样的世界顶尖学府，校门也非常小，很多学校是没有围墙的。而反观我们的学校，大门都很大，围墙都很高。这与中西方教育与生活联系的紧密程度有关。

近代著名的教育家董渭川就说过，中国教育一个最大的问题是"教育脱离社会需要，学生毕业即失业"。这一现象至今未有根本改观。陶行知先生也说："生活即教育，社会即学校。"他们都主张学校不能排除在社会之外，要与社会、政治、经济、文化等紧密联系。

深圳是国际化大都市，东西方文化交汇于此，大众传播对学生通过各种渠道产生影响。加之互联网的普及改变了学习形态，网络就是校园，移动终端就是课堂，能者就是教师，教育正在被重新定义。为此，我们提出要建设无围墙学校，把社会当作学校，把生活当作教育，把世界当作教材，把天地当作课室，并利用互联网打造时时可学、处处可学、人人可学的泛在教育生态。

四、课堂重建，从范式走向变式

因为教学是科学，是有规律的，所以"教学有法"，因此应建立教学范式，以提升年轻教师教学的规范性。因为教学是艺术，仅有范式还是不够的，所以"教无定法"，教学还要有变式。不同的教师、不同的学科、不同的课型，教学都应有所不同，要在范式中产生变式，形成教师的教学个性。因为学校积极开展基于要素组合的教学模型研究，鼓励教师在课堂教学的变化中形成自己稳定成熟的教学特色，进而形成学校的教学流派，所以"贵在得法"。

五、技术重塑，从人工走向智能

过去我们对课程的管理是人工化、经验化的，未来的课程应该用技术的手段实施自动化、智能化的管理。我们现在正积极推动互联网与教育教学及管理的深度融合，力图用技术来撬动学校课程管理的转型和教育教学方式的变革。我们针对教学六个关键环节，即备课、上课、作业、辅导、考试、评价等进行了系统的设计，加大互联网技术的融入，全面提升教学效能。我们建成虚拟学校，组织教师录制了微课，实行线上线下课程互为补充。我们和企业工程师一道，积极开发VR、AR等增强现实技术和虚拟现实技术，开发各类教学工具，引入游戏化教学，让课堂更生动。我们正开发智能作业系统，实现作业的智能布置、批改和解析。我们开发了智能考试系统，建立了一个强大的题库，实现了命题、阅卷、统计、分析的智能化。同时，我们建设了移动办公平台、智能能控平台、智能物联教室、智能访客系统、人脸识别门禁系统，实现管理的自动化、精准化及高效化，推动学校管理从人工化、经验化管理向智能化管理转型。

技术重塑的课程有两大特点，一是更加科学，二是更加人文。我们推进信息化有一个原则，就是不能给教师增加负担，我们要用技术把教师从简单的机械劳动中解放出来，把精力聚焦到更具情感、艺术性和创造性的教育活动中，去关注学生，从教书向育人转变，解放教师、激发学生。

六、体制重组，从管理走向治理

办学体制是决定一所学校发展的又一关键因素。由于体制原因，编制、招聘、管理、教师专业发展、薪酬激励、教师职业倦怠、社会教育资源引入等许多问题长期困扰着学校，严重影响了公立学校的发展。

为有效解决这些问题，深圳明德实验学校参照世界各国公立学校改革的成功经验，全面推进法人治理结构改革、现代学校治理体系改革、课程改革，取得了重大突破，被评为深圳市最具变革力的学校和深圳市事业单位首批综合改革试点单位，在教育界形成较大的示范效应，被称为教育改革的"明德模式"。国内多所公立学校在积极参照、借鉴或复制"明德模式"，为中国公立学校体制改革和管理创新提供了丰富的经验。

学校推进财务管理改革，多劳多得，优绩优酬。办学用地、校舍和教学设施设备由政府配置，实行全额财政拨款，同时福田区政府和企业举办的公益慈善基金会共同出资2亿元，成立明德实验教育基金会，每年按比例向学校持续捐赠。学校不参加，由政府进行会计集中核算，教师薪酬自定，教师工资高出公立学校20%。基金会为小班化教学、课程改革、"互联网+"教育研发提供了经费保障。

学校深化人事制度改革，教师去掉编制，实行全员聘任制，突破了公立学校教师编制、教师招聘、绩效工资、职称评审等方面的困局，保障了人力资源供给，实现了用人自主，建立了有竞争力的薪酬激励机制；总量高，导向强，职业发展通道畅顺，消除了教师职业倦怠，激发了教师队伍活力。在福田区教师幸福指数调查中，明德教师的幸福指数名列全区第一。

学校实施教师治校策略，成立校务、学术、招标、招聘、膳食、薪酬、工会、家长、学生等十个委员会，组织各方力量参与学校管理，积极构建多元共治、民主参与的现代学校治理体系。

今后，我们将紧紧抓住建设粤港澳大湾区和中国特色社会主义先行示范区的历史机遇，不断增强创新力，提高竞争力，扩大影响力，完成中国基础教育改革先行示范的新使命，努力把学校办成一所符合中国实际，适应未来发展的改革标杆学校。

（深圳坪山教育论坛演讲实录）

第五节　创新型人才的培养与
学校变革的路径选择

创新是民族的灵魂，是国家兴旺发达的不竭动力。培养面向未来的创新人才，要求学校必须树立科学的战略思维，找寻创新人才培养的正确路径，推动学校的整体变革。我将从社会化、生活化、个性化、智能化、国际化五方面，探讨创新人才培养与学校变革的五条路径。

一、实施社会化策略，构建开门办学的教育格局

考察过海外学校的老师会发现海外学校与国内学校在建筑方面最大的不同是大多数海外学校没有围墙。有人说"围墙"隔绝了学校与社会的关系，许多学校的办学被窄化为办理学校"围墙"以内的事务，抓教学质量成为许多学校的唯一追求。

从管理体制看，国内中小学由教育局统管，但家庭教育和社区教育则由关心下一代工作委员会、中国共产主义青年团、中华全国妇女联合会、街道办事处或社区办事处等其他非教育部门主管。从教育形式看，学校或出于安全，或基于升学率，教育活动大部分都限定于学校"围墙"之内，各类升学考试缺少了解社会、服务社会的具体要求。从课程设置看，学术型课程在学校课程体系中占据主导地位，与社会联系较多的校本课程、地方课程不过是

浮在面上的"特色"而已。因此，近年来，虽然许多学校的建筑更加华丽，师资力量更加强大，教育观念也比过去更加先进，但学校与社会之间的隔阂非但没有发生根本性改变，这种"围城造校"模式在学校与社会之间树起了一堵高墙。

中国近现代著名教育家董渭川明确指出当时中国教育的一个重大问题就是"脱离社会需要，学生毕业即失业"，这一现象至今未有改观。教育家陶行知先生提出的"社会即学校"就是对与社会隔离的学校教育的批判。学校不是孤悬于社会之外的"围城"，学校领导者要推倒心墙，打破学校与社会之间的隔阂，改变就教育言教育的孤立态度，开门办学，主动拥抱时代，拥抱世界，只有使教育与社会、政治、经济、文化、科技、军事紧密联系，才能登高望远，牢牢占领办学的制高点。

深圳毗邻港澳，东西方文化交汇于此，并通过大众传媒及各种渠道对学生产生正面或负面的影响。因此，学校就需要加强与社会的联系，以更开放的姿态打开校门，使学校的价值追求与社会的价值保持一致。我校正组织力量对社会实践活动进行系统设计、整体优化，积极搭建社会化成长通道，利用寒暑假和节假日等非教学时段，让学生走入社会，开展各类主题社会实践，开展调查研究和职业体验，在广阔的社会舞台中了解社会、体恤民情、体验生活、奉献他人、规划自我，使自己快速成长。

二、实施生活化策略，让教育贴近学生现实生活

教育家陶行知先生认为"生活即教育""教学做合一"，其就是倡导将教育教学活动置于现实的生活背景之中，让学生在生活中学习，在生活中成长，在生活中使情操得到真正的陶冶。

我所在的深圳第二实验学校长期以来受应试教育的影响，许多教师的教育是照本宣科、脱离生活的，他们用灌输式教学方法要求学生死记硬背教科书，这种教学方式如同将海鲜干货不经泡发、加工和烹饪直接塞入学生口

中，硬塞进去学生也无法消化。德育工作常常采用灌输式教学方式，但父母常常发现学生去敬老院献完爱心回家后却对爷爷奶奶横挑鼻子竖挑眼，这是典型的两面人的表现，是德育脱离生活的典型案例。

苏格拉底说，教育不是灌输，而是点燃火焰。实施生活化策略就是倡导以生活为中心的教育，引导学生关注社会生活，使学生的课堂学习与生活实践紧密结合起来，把学习置于社会生活的大背景下，让学生在丰富多彩的生活中开阔视野，吸取各方面知识，与社会、自然相融，获得思想和精神的力量，提高学生的学习兴趣和学习主动性，点燃学生成长的激情，催生学习的原动力。同时，关照学生的生活经验，顺应学生的认知特点，重视学生的直接经验，根据学生认知水平、生活经历等让学生思考生活中的问题，将学到的书本知识运用于生活实际，达到优化学习过程的目的。

我校在课程改革中积极推动教育教学回归生活、回归自然，贴近学生现实生活，从学生的生活中挖掘教育教学资源，形成系统的生活教育资源。我们开设贴近生活实际的校本课程，成立学生仲裁院、学生议事庭、学生自治会，建立三权制衡的学生自治体系。成立学生公司、学生律师事务所等社团组织，让学生在各种生活场景中，通过实践参与和亲身体验丰富道德情感，使教育内容联系生活，教育方法贴近生活，让学生关注社会热点问题，丰富道德情感，形成道德信仰。

三、实施个性化策略，促使每一位学生最优成长

创新教育与教育个性化密切相关，培养学生独创性的关键是发展学生与众不同的个性，而不是共性。《中庸》有言："天命之谓性，率性之谓道，修道之谓教。"这就需要基于学生的差异提供个性化的课程体系，让每一位学生都能选择自己喜欢的课程，在主动学习中发展自我，凸显个体自身的独特性、个别性。

为此，我校针对学生的个性差异积极开展课程设计，整合我校原有办

学资源，建立五大书院和体育俱乐部，充分挖掘学生的潜能，丰富和完善学校的个性化人才培养体系，打破年级管理模式和班级授课制，探索走班、分层、分类的教学组织形式。

碧波书院以"格物致知，法天贵真"为培养理念，致力于培养具有人文素养、学科特长和科技创新潜质的学生；翠竹书院以"厚德明理，博文精工"为培养理念，以五大学科和英语能力竞赛为主要平台，培养具有国际视野和理科特长的领军人才；梧桐书院以"尚文精思，博学笃行"为培养理念，致力于培养具有卓越思想力、创新力、领导力的人文社科领域的人才；东湖书院以"求真，向善，尚美"为培养理念，以培养多才多艺、特长鲜明的艺术人才为目标；南海书院以"博古通今，学贯中西"为培养理念，开设英语、德语、俄语、日语、法语等语言课程，深入推进中外交换生计划，培养学生成为拥有国际视野和中国心的世界公民；体育俱乐部以我校三支高水平运动队为龙头，开设毽球、篮球、足球、乒乓球、羽毛球、排球、击剑等课程，突出我校高水平运动队的优势，带动学校体育活动的普及与开展。

四、实施智能化策略，建设面向未来的新型学校

当今世界，瞬息万变。人类社会从三千年前以"驿站""烽火台"传递信息发展到今天以千兆比特的量，以光的速度交换信息，人类进入了以数字化、网络化为特征的信息化时代。可以说，信息化已经成为21世纪最鲜明的时代特征。谁能获得信息技术和其他前沿技术的优势，谁就能在一日千里的竞争中拥有主动权。否则，就会被甩在后面，而且这种差距正以惊人的速度被拉大。

当前，能否占据信息技术的制高点决定了一个国家、一个行业、一个单位的竞争力和它在世界上所处的位置。学校也是如此。目前，中国教育正进入一场基于信息技术的伟大变革中，如果不努力，也将会被时代所淘汰。因

此，学校应该顺应时代大趋势，全力推进信息化建设的步伐。

我校正处于快速发展的关键期，我们正加快建设智慧校园，不断提高学校管理的智能化水平。目前，我们建设了网上办公系统，开发了基于手机App平台的移动办公系统，通过手机阅办文件省时省力、快捷高效。近期，我们正在开发建设教师会议考勤信息化平台、教师绩效考核和岗位评聘信息化平台；建立无处不在的网络学习空间——数字终端自助借阅、学习资源点播服务；建设学科3D、VR探究实验室，实现校园无线全覆盖，为学生提供无边界的智慧学习探究环境；建立立体智能的安全架，建设透明厨房、电子围栏，实施雷达运维扫描，实现异常出入提示，安消联动；实现智能遥控节能管理；建设学生选课系统、生涯发展分析系统；开展个性贴心的校园服务，实现网上点餐、家校互动交流。我们将加快推进让信息技术与教育教学及校务管理的深度融合，努力提升学校管理的智能化水平。

深圳是全国信息技术产业最发达的城市，也是全国教育信息化的先进城市，要想保持这种领先地位，就要不断地学习和创新。有的人一生就输在对于新事物，第一看不见、第二看不起、第三看不懂、第四来不及。有位校长说："今天的教育和老师不生活在未来，未来的学生将生活在过去。"因此，我们现在必须快马加鞭，跟上时代步伐，全力推动信息化建设的发展。

五、实施国际化策略，让世界成为学生的教材

随着全球化时代的来临，教育的国际化已成为不可逆转的历史潮流，推动着学校的深刻变革，并为学校发展带来巨大的挑战和重大的机遇。《国家中长期教育改革和发展规划纲要（2010—2020年）》强调要充分利用国外优质教育资源，明确要求"培养大批具有国际视野、通晓国际规则、能够参与国际事务与国际竞争的国际化人才"。中学教育作为我国基础教育的重要阶段，在培养学生的国际意识，开阔学生的国际视野，提高学生的国际竞争力等方面起着举足轻重的作用。

　　我校积极引入国际课程，充分利用国外优质教育资源，不断完善国际课程体系。过去，教材是学生的全部世界，现在，我们要让世界成为学生的全部教材。我们建立南海书院，开设英语、德语、西班牙语、日语、法语、意大利语等语言课程，提升学生的语言技能。积极推进国际教育的交流合作，深化和其他学校的交流合作，促进与发达国家和地区学校间的对话与合作，渗透国际理念，融合多元文化，开阔教育视野，增强应对文化差异的能力，提高学生与国外交往的能力，努力培养具有国际视野、国际交往能力、国际竞争能力的人才。同时，创造条件让教师走出国门，去国外进修访问，开阔教师自身的国际视野，丰富教师跨文化交际的经验。

　　教育的社会化、个性化、生活化、智能化、国际化是相辅相成的统一整体，我们将不断进取，系统推进，推动学校变革，使学校成为面向未来的新型学校，培养大批引领时代的杰出公民和创新人才！

（在深港校长论坛上的演讲）

第四章

对话反思与社会回响

第一节　移动互联网时代明德学校的责任与担当

感谢深圳明德实验学校全体师生对我的信任，今天，我正式加盟明德实验学校，担任校长职务，成为明德这个光荣集体的一员，我感到非常荣幸。从此，我将和各位同人一起参与明德的建设和发展，分享荣誉和成就，迎接未来与责任。我将向大家讨教，认真在实践中学习，热情为大家服务，真诚与大家共事。我诚恳地希望大家帮助我、支持我，使我尽快转换角色，熟悉情况，担负起明德实验学校校长的责任。

一年前，我与明德实验学校结缘，感受到其勇立潮头、敢闯敢为的创新精神，也目睹了其投身教育、矢志办学的全过程。筚路蓝缕、创业维艰。如今，明德实验学校作为中国基础教育改革的一面旗帜，开始崭露头角，在推动基础教育改革和发展方面的影响力与感召力越来越强大，其示范引领作用日益突显。

如今，我受企业教育情怀的感召，被企业的教育梦想打动，有幸加盟深圳明德实验学校，成为明德实验学校的校长。

在6年教育行政部门工作和20多年高校及中学工作期间，我深知因体制原因造成的许多教育问题已经到了改革的关键时刻。教师编制、人事招聘、职称聘任、绩效考核、经费来源、教育理念、应试教育、职业倦怠等方面存在的问题已经成为制约公立学校发展的体制障碍，急需破除，刻不容缓。

新一届政府更是多管齐下，全面推进教育综合改革，行业的转折点已经来临，难得的发展机遇就在眼前。福田区政府和腾讯公司顺应国家教育政策的发展导向，针对教育的痛点，在深圳率先设立试点，在明德实验学校全面启动办学体制改革，得到了政府、企业和社会各界的好评。改革初见成效，明德模式已成为行业的焦点，多个省、市、区开始探索尝试基础教育办学体制改革。

在形势趋好发展的同时，我们也要看到教育形势和政策也在不断发生着变化，机遇与挑战并存。今后，我将积极争取市区政府部门的大力支持，依托企业强有力的后盾，带领明德实验学校全体教职工全面布局、积极应对，在第一个5年的"从0到1"的基础上，稳步推进第二个5年的"从1到2"，按照明德2.0目标，认真做好第二个5年的谋篇布局，务必取得改革的全面推进，推动明德继续前行。具体来说我将努力实现以下目标。

一是努力把明德建成"办学体制的示范校"。继续深化体制机制创新，建设专家治校、民主参与、多元共治的现代学校治理体系，探索公立学校和私立学校之间的第三条道路，提出符合中国实际和未来发展的公办学校发展模型。

二是努力把明德建成"互联网教育的先锋校"。以自由开放的未来学校为目标，促进互联网、信息技术、教育教学及管理的深度融合，全面提高教学效能。

三是努力把明德建成"创新型人才培养的实验校"。以"培养全球视野的创新型领军人才"为使命，聚焦人才培养目标，完善课程体系，突出信息素养，强化科技创新教育，建设人才培养的个性化课程体系，促进学生的最优成长。

四是把明德建成"素质教育的样板校"。坚持以学生为中心的理念，将教育融于生活，联通社会。构建丰富完善的社会实践课程体系，建设基于社会及生活多学科融合的主题项目式课程体系，提升学生的综合素养。明德应该成为一座桥梁，桥梁的一边是学校，一边是社会；一边是教育家，一边是企业家；一边是当前，一边是未来；一边是大地，一边是星空。明德要助力教改深化和教育供给侧改革，推动教育资源和价值链的高效配置，打造多方共赢的"教育生态"。

五是把明德建设成"校园文化的示范校"。明德要以创新精神为底色，以创业领袖为榜样，实现学校与企业互通，教育家与企业家互动，形成学校的价值共识与思想引领，打造明德学校的精神高度。

今后，我将以建设世界一流的互联网先锋学校为目标，团结班子，带好队伍，奋发有为，开拓创新，一届接着一届干，一张蓝图绘到底，与大家共同努力，共创学校美好的未来。

我坚信，根植于企业深厚的土壤，有市区教育部门及众多兄弟学校的大力支持，深圳明德实验学校一定能够不负重托，大有作为！

（在深圳明德实验学校校长任职大会上的讲话）

第二节　相聚云端，开启一场相互
赋能和教育重建之旅

　　今年的教师节，无比荣幸，我们在云端相会，从城市的四面八方共赴这个跨越时空的会场。

　　今年的教师节意义非凡，群贤毕至，万马奔腾，从线下到线上，从课堂到生活，从教材到世界，从教学到导学，从管理到情理，从他律到自律，从尺度到温度，从谈话到对话，从育才到育人，从学业到学术，从善教到乐教，从优秀到优雅，从名师到良师！我们正以自己的教育初心和教育智慧成就着生命中遇见的每一个学子，演绎着超乎预期的探索实践，享受着一场面向未来的教育盛宴，也丰富着自己精彩的教育人生。

　　置身在一个社会变革和教育转型的时代旋涡中，我们看见，每一个逆流而上的老师都成为躬身入局、缔造未来的建筑大师，在社会变迁的历史洪流中，以未来为标签，以创新为姿态，以育人为核心，直击教育改革核心课题的实践与探索，探求学校治理的多维范式、课程变革的新型谱系、课堂教学的基本范式、师生关系的现代注解、未来教师的前瞻素养、学校空间的多元场景、教育教学的先进技术，全面而深刻地开启了未来学校的变革之旅，探寻着基础教育改革的风向标，重新定义着面向未来的学校教育，力图在世界坐标上构建中国学校的新样态，既为来路，也为当下，更为未来。

　　此刻，我们相聚云端，开启一场相互赋能和教育重建之旅，为同行者提供一个"能量舱"，为追梦人打开一扇"任意门"，在线下线上场景不断切换的"时空船"上承受不确定时代对我们的洗礼。

　　我相信，在这场共赴未来的洗礼中，教师是有使命的，使命是有能量的，学生是有可能的，学校是有生命的，教育是有灵魂的。让我们拥抱不确定，创造每一天，享受每一天，用永不停歇的探索和实践绘就未来教育的美丽风景。

（在深圳明德实验学校教师节云端大会上的讲话）

第三节　第一次握手

　　您有幸加入了学校，我们也有幸获得了与您合作的机会。我们将在相互尊重、相互理解和相互信任的基础上与您一起度过教育时光。这种尊重、理解和信任是我们共同奋斗的桥梁与纽带。

　　明德是一所以现代教育技术为起点的新型学校，学校有着自己的使命，不单需要有高层次、高素质的科技人才和管理人才，同时还必须有一个能被这些人才认同的价值体系。要建立一个共同拥有的学校文化，没有责任心，不善于合作，不能群体奋斗的人等于丧失了进步的机会。

　　学校管理是一个矩阵系统，希望你们成为这个大系统中的一个开放的子系统，积极、有效、无私地既求助于他人，又给予他人支援，这样您就能充分地利用学校资源，借助别人提供的基础，吸取别人的经验，很快进入教师这个角色。求助是参与群体奋斗的最好形式，如果封闭自己，想单打独斗，搞出点名堂来，是万万不可能的。要摆正自己的位置，不怕做小角色，才有可能做大角色。

　　我们崇尚雷锋精神、焦裕禄精神，并在学校的价值评价及价值分配体系中体现：绝不让雷锋、焦裕禄们吃亏，奉献者定得到合理的回报。雷锋精神与英雄行为的核心本质就是奉献。雷锋和英雄没有固定的标准，其标准是随时代变化而变化的。在明德，一丝不苟地做好本职工作就是奉献，就是英雄行为，就是雷锋精神。

进入明德，意味着一切要从零开始做起，归零的心态已经在学校深入人心，博士、硕士、学士、特级、高级、学科带头人以及在原工作单位取得的地位均消失，一切凭实际能力和责任心定位，对您个人的评价以及应得到的回报主要取决于您实干中体现出来的能力和对学校的贡献。在明德，您给学校添上一块砖，学校给您提供走向成功的阶梯。希望您接受命运的挑战，不屈不挠地前进。在明德，是太阳总会升起，哪怕暂时还在地平线下。不同的付出有不同的结果，一段时间后，可能您与同期的伙伴的差距拉大了。我们相信您会快步赶上，但时间对任何人都是一样长的。

物质资源终会枯竭，唯有文化才会生生不息。一个现代化的新型学校不能没有文化，只有文化才能支撑它发展。对于一个新教师来说，要融入明德文化需要一个艰辛的过程，每一位员工都要积极主动地、脚踏实地地在做实的过程中不断去领悟明德文化的核心价值，从而接纳、认同并内化明德的价值观，使自己成为一个既认同学校文化，又能创造价值的明德人。明德的文化是尊重的文化，任何时候、任何地点，希望你时刻牢记。只有每一批新员工都能尽早地接纳和弘扬明德的文化，才能使明德文化生生不息。

初到明德的人，都为它的气势所吸引、所震撼。漂亮而整齐的办公场所，热情而有礼貌的服务，年轻而充满朝气的脸，迅速而有力的行动，无不显示出它蓬勃的生机、青春的活力和强有力搏动的生命。投身这样的学校，加盟这样的集体，我们会被感染、被同化、被带动，我们会互相学习、互相竞争、奋力追赶。置身于这样一个能使个人能力得以迅速提高，从而整体能量迅速提升的加速器中，置身于一个既重视个性发展又提倡群体奋斗的团体里，我们有理由说，在明德，是太阳就会升起。

我们必须成为太阳。当您加入这样一个大集体中，当您融入明德的学校文化之中，通过日复一日的锤炼、敲击、磨砺，反复地调整、聚焦，我们在一次次地提升、放大中产生强烈的核裂变效应，释放出巨大的能量，放射出灼目的光华。要有成为太阳的理想，有远大的奋斗目标。要为伟大祖国的繁荣昌盛，为中华民族的振兴，同时也为自己与家人的幸福而努力奋斗。

有这样一个宏伟抱负的牵引与驱策，才能推动个人与群体的奋斗与奉献，但这并不是不切实际的空想，而是可望又可即的，要从点点滴滴做起，从小事做起，上好每一节课，批改好每一次作业，踏踏实实，一点点积累，持之以恒，不断经过量变，再到质变，直到脱胎换骨。学校文化为我们提供了从小事到大事、从战术到战略等一系列行动准则与纲领，学校给我们提供了发展的良机，提供了可以充分展示自己才干的舞台。我们必须紧紧抓住并利用这个良机，接受学校文化，充分融入学校文化中来，丰富其内涵，并将其发扬光大，有所创造。

（新教师欢迎词）

第四节　请把明德看作人生的第一束光

　　今天是明德的庄严时刻，我们齐聚在这里，为明德全体高中全体毕业生举行隆重的毕业典礼。首先，请允许我代表学校，向全体毕业生致以热烈的祝贺！向辛勤工作、陪伴同学们健康成长的老师们致以崇高的敬意！向默默无闻、给同学们提供后勤服务的全体员工表示衷心的感谢！

　　始于初秋，成于盛夏。三年来，你们在明德的奋斗与执着没有被辜负，你们凭着自己的坚韧和努力，以坚忍不拔的意志力，经受了重重挑战，出色完成了规定学业，迎来了今天的光荣时刻。汗水和泪水锤炼出你们生命的印记，当初你们跨进明德大门时的稚气和憧憬早已化作成熟和力量。

　　试卷不过是一张纸，未来才是一幅画。今天，是一个让全校师生都深感荣耀的时刻，我的心情和各位一样，充满激动，充满自豪，也充满着深深的不舍。今天这场毕业典礼，是一次回望，回望你们在明德度过的如歌岁月；是一次致敬，致敬你们充满着奋斗精神的明德时光；是一次送别，是告别过去、奔赴未来的送别仪式。

　　克劳塞维茨在《战争论》中讲："伟大的将军们，是在茫茫黑暗中，把自己的心拿出来点燃，用微光照亮队伍前行。"刚刚过去的高中生活及高考，无疑是你们经受的第一次人生洗礼，这场洗礼汇聚了你们生命中的第一束光，照亮了每个人未来的路。

　　这束光，让你看到人生道路中暗藏的激流和险滩，看到生活中不止有诗和远方，更多的是困难、压力和挑战。但是，你不可能要求有一片没有风暴的海洋，如果有，那一定不是海，而是泥塘。它启示你们，即使深陷泥潭，也要临难不惧、波澜不惊、义无反顾、突破困境、杀出重围。正如美军上将马丁·登普西所说："没有退路就是胜利之路。"在处于风暴难关，面对汹涌暗流时，要不惧困难、清醒自持、步步为营，勇敢迎接未知风浪，驶向灿若星辰的未来。

这束光，让你看到思想与文化的价值。德国诗人海涅说："思想走在行动之前，就像闪电走在雷鸣之前一样。"人类社会的每一次重大进步，都需要思想与文化启蒙作为先导，表面上是靠脚带动的，实际上却是由思想和文化驱动的。如先有荷兰的宗教宽容，后有荷兰的率先崛起；先有江户时代的思想突破，后有日本的明治维新成功；先有春秋战国时期的百花齐放，百家争鸣，后有大一统的空前盛况；先有波澜壮阔的文艺复兴，后有近代科学与工业革命的发生。思想和文化可以逾越疆域、跨越时代、如水润物、无所不入。因此，前行的路上，懂得勇敢固然重要，但保持思想的清醒与文化的独立更重要。

这束光，让你看到自己的内心，懂得高考是自己的，与别人没有关系，不要在乎高考后别人的目光，学会平静地接受所有的因果，平静地开启自己新的生活。正如杨绛先生说："我们曾经如此渴望命运的波澜，到最后才发现，人生最曼妙的风景，竟是内心的淡定与从容。我们曾如此期盼外界的认可，到最后才知道，世界是自己的，与他人毫无关系。"

期待明德的光，照亮你前行的路，让勇者不惧，让智者不惑，让仁者不忧。

再见了，亲爱的同学们！山高水长，我们后会有期！

（在深圳明德实验学校高三毕业典礼上的讲话）

第五节　一部撼动人心的教育大片

近日，我校舞蹈团在艺术季系列活动之"迎新年草地音乐节"上表演了一部最新排练的历史题材的舞蹈作品《八女投江》，震撼了全校师生和家长。舞蹈以波澜壮阔的史诗性艺术手法，穿越了百年时空，将人们拉回温情而壮阔的历史回廊，刻画了彪炳史册的人物群雕，谱写了中华儿女争取民族独立、国家富强和人民幸福的历史画卷，生动阐释了中华儿女无私无畏、捐躯报国的爱国精神，展现了波澜壮阔的历史诗篇，蕴含着厚重深刻的思想内涵。《八女投江》用短短几分钟时间将我们带入了那个战火纷飞和国难当头的历史氛围中，舞蹈塑造了八名有血有肉的抗战女战士的人物形象，她们从历史深处徐徐走来，仿佛回到了我们身边。她们舍生取义、忠于理想与信仰的高洁品行在历史的长河中熠熠生辉，让我们再次触摸到了中华儿女的铮铮铁骨。表演中多次使用长镜头的手法，开启了历史厚重的大门，打破了时空的阻隔，带领我们穿越硝烟弥漫的战场，目睹先烈慷慨赴义、笑对死亡的感人场面。表演结束前呈现的八女群雕，升华了舞蹈的主题思想，将抗战女战士前赴后继，为人民幸福的时代理想托举到了新的高度，以强烈的艺术感染力推动着人们情感的喷涌，让人潸然泪下，舞蹈的艺术性与纪实性在这一刻完美融合。我校舞蹈团表演的《八女投江》无疑是一部艺术大片，也是一部教育大片，小艺术家们用朴实的质感叙事，并以优美而富有力度的舞蹈传递着艺术之美，传递着信仰之美，也传递着人与人之间的温情，是一部校园艺术的史诗性力作，也是一部优美的信仰诗篇。这部作品没有把教育喊在嘴上，把过去死板、灌输、居高临下的宣传教育的话语体系转换为沁人心脾、感人至深的故事，没有说教，没有宣示，没有高调，有的是情感，有的是感动，在潜移默化、润物无声中拨动人们的心弦，开创了"主旋律"作品新的叙事风格和新的话语体系。八位抗战女战士虽然没有现在歌星、影星的时尚和耀眼，但她们在我校学子心中却光彩照人、熠熠生辉。她们是明星，是历史的明星，是国家的明星，是光照家国情怀永不泯灭的恒星。

（深圳第二实验学校舞蹈团迎新年草地音乐节作品《八女投江》观后感）

第六节　时代转型期的教育之变

一、关于时代转型期教育理念及策略转变、家校合作及心理教育

苏敏博士：工业4.0时代来临，教育4.0时代开始（国际化、高科技化、智能化、信息化、跨专业综合化），人才培育也随之发生变化，反映在大学教育上要国际化、高科技化，培育学生的全面发展（做终身学习者，负责任能担当的公民，有风险意识，愿意为安全负责的数码公民）。请问鲁校长，在中学，要培养21世纪的人才，校长怎么引领？老师怎么教育？有什么新的教育理念和策略转变？家长如何配合？心理健康培育及心理韧性如何培养？

鲁江：我们现在所处的时代是一个比历史上任何时期都要复杂的时代：全球化的洋流中裹挟着逆全球化的浪潮，智能化、科技化的浪潮中又翻滚着人文化、生态化的浪花，发展中存在危机与风险。所以，这是一个全球化与逆全球化并存，智能化与人文化共舞，科技化与生态化同步，发展与风险同在的时代。教育需要在这个时代转型的特殊时期做系统而深刻的思考和变革。

（一）关于教育国际化的思考：在全球化与逆全球化并存时代中的教育转型

我们看到，进入21世纪后，越来越多的国家参与到经济全球化和贸易自由化进程中，资本、技术、移民、资源在世界范围内迅速扩张和流动，全球

化成为不可阻挡的历史潮流。

但近年来，在全球化竞争中，因为国家发展不平衡问题日益凸显，受到金融危机、新冠疫情等公共危机事件的强烈冲击，加之失业问题、贫富差距问题、新移民与东道国某些社会群体的关系日趋紧张等问题使全球化、国际化受到猛烈冲击。

在这个大背景下，中国的国际化教育也面临着种种压力与挑战，疫情前的国际化教育的主流模式会受到国际关系局势变化的强烈冲击，原有的办学理念、治理模式、课程体系、师资队伍、升学途径、人才培养目标等都要有一定的调整与变化。

回首中国的国际化教育历程，源于清末民初，已有一百多年的历史。从当年的南洋公学、中西女中到清华留美预备学堂，那时"西学东渐"，西方教育与中国传统教育互补融合，确实造就了中国最早一批现代化的人才。中华人民共和国成立后，中国的国际化教育转向苏联，后来受中苏关系影响，中国国际化教育也就停止了。20世纪80年代，随着中国的改革开放，中国与世界日益接轨，中国人对国际化教育的需求日益增加，中国引进了许多美国、英国或香港的国际学校，为在华外籍或港台人士的子女提供服务。

从20世纪90年代开始，中国沿海及内地的不少城市出现为中国学生服务的国际化学校，现在，在这类国际化学校就读的中国学生有几十万人。这些国际化学校的课程都是引进国外的IB、A-LEVEL、AP等课程，基本都是原汁原味的西方主流课程，再配上外方校长、外教以及SAT、GRE等西方标准化考试为模式的国际化教育。

随着逆全球化的出现，一些国家对中国提防、限制、打压，中国在国力增强的同时，也更加强化"自主研发"。这些强调自主内生的创新与生长也体现在中国的教育领域。

在这种海内外的形势变化中，中国的国际化教育必须进行深层反思及结构性的调整，在接下来的一二十年，我认为无论学校、教师还是家长，应在以下方面寻求突破。

1. 由英语优先向母语优先、双语融合转变

现在不少学校的老师和家长都认为国际化教育就是英语教育，认为学好英语走遍天下都不怕。现在的国际化教育普遍存在重"英"轻"中"的现象，很多幼儿园、中小学课程全都用英语来教授，很多大学生为了考研或留学，大部分时间不是在学专业知识，而是在学英语。这样的国际化教育易造成学生母语弱化，文化错位，对国家、对社会、对家庭、对学生都是不利的。

母语优先，一定是在夯实母语的基础上，学好英语。真正的国际化人才一定是有母语作为坚实基础的。胡适、陈寅恪、林语堂、钱锺书等都是学贯中西的双语人，但他们的学问与身份认同都是以他们厚重扎实的母语为基础的。

母语优先，双语融合的教学比单语教学有着更具挑战的教学要求。哪些课是用哪种语言来教更有效、语言与学科内容如何整合、中英双语读写素养如何融汇领悟等，这些问题的深度探索应该成为中国国际化教育转型必须解决的关键问题。

2. 由全盘引进向立足本土、中西融合转变

今后，中国的国际化教育要由"输入型"向"内生型"转变，由以引进西方课程为主干的课程架构逐渐过渡到以国家课程为基础的"融合式"体系。要从以前的"原汁原味"的全盘引进向立足本土、融合创新过渡，要构建具有中国特色的、内生性的、中外融合的国际化课程，逐渐取代引进课程。

最近几年来，已经有一些学校在引进的基础上逐渐在探索中西融合的课程与教学，努力构建双语同步生长、中国课程与西方课程融汇交互的国际化教育体系。在这类学校中，既要学中国课程，又要学西方课程，还出现中西方整合课程，形成"你中有我、我中有你"的中西融合课程。

这是中国国际化教育的一次深刻转型，会对我们现有的国际化人才培养模式带来结构性的影响与改变。但我认为这是一个基础性的变化，需要静下心来，做细致认真的梳理整合，把西方先进的课程思想、学术素养等保留下来，将国际课程的理念、内容、实施、评价等与中国本土课程对应连接，实现中外课程的深度融合，为中国选择国际化教育的学生打下更宽阔的学业基础，同时，给学生铺设多元化的升学途径。

3. 由以外方校长、外教为主的治理模式，向中西融合的学校治理模式转变

中国的国际化学校，需要一批优秀的外方校长与外教。但我认为，仅仅依赖于外教，真正中西融合的教学很难持久发展。要促进中方校长与外方校长、中教与外教的互助互补、融合交流，不能仅停留在一般集会或社交礼仪层面上，还要有中外融合的教研机制，要有中外教师共同参与的备课、听课、评课、作业布置与批改、辅导、分析与评价、校本培训等，国际化教育才能落地生根。

同时，要尽快造就一批立足本土、了解国情，但又有全球意识、国际视野，能够在东西方文化中自由穿梭的国际化教育人才，让未来中国的国际化学校有更多的双语人，让他们成为中国国际化学校的掌门人与教学骨干。

4. 要从只关注学业变为更注重学生的素养及人格的健全

考察中国传统的书院教育与西方的精英教育，会发现其内在本质是相通的，都是育人为先。

一千多年前开办关中书院的北宋大儒张载提出"为天地立心，为生民立命，为往圣继绝学，为万世开太平"的教育理念，英美传统公学强调正直（Integrity）、信誉（Honor）和责任（Responsibility）等价值信念，都让我们看到，无论东方与西方，教育的本质不仅是促进学生学业的发展，更重要的是人格的健全发展，这应成为中国国际化教育的融合理念与追求。

我们发展国际化教育，但不能造就"空心化"的国际人，而应顺应世界大势，立足本土，加快融合，为家庭、为国家，也为世界培育出有民族自信、文化认同，又有全球视野和情怀的全球公民。

（二）关于家校合作与心理教育

三年的疫情使学生长时间待在家里，家庭教育成为学生成长的关键性因素，家庭教育的作用日趋凸显，这对家长是一个严峻的挑战，但我认为也是一个难得的契机。家长们要做好承担这份责任的准备，孟母三迁、画荻教子、陶母以身垂范，乃至蒙台梭利教育理论中强调的环境创设等，都说明家长支持学生成长的重要性。

很多家长们抓住契机，成为与学生分享彼此感受的共情者、帮助学生巧妙解决冲突的尊重者、传递无声语言的安抚者。因此，这次疫情成为一门生活大课，学生在真实的情景中获得了知识、能力和好品格。家长利用这个机会，有效开展了以下教育：

1. 良好卫生、生活习惯的教育

饭前便后洗手、洗手需要有正确的方法和步骤……可能这样的生活习惯，你在平时已经重复、唠叨过很多次，但效果并不太好，那么现在这个时候就是对学生进行良好生活习惯教育的有效开展了。因为除了家长之外，学校、社区、各种媒体都在一起反复强调，所以这是一个让学生养成良好卫生、生活习惯的机会。

2. 自主管理、自主学习能力的教育

自主管理和自主学习是学生一生需要培养的重要能力。但以前的教育是老师和家长主导型的教育，老师和家长比较强势，使学生自主管理、自主学习能力的培养没有得到足够的重视。疫情停学期间，学生长时间一个人待在家里，可以学会自主管理、自主学习，自主管理好自己的时间，这些能力对学生的学习及生活尤为重要。

家长和学生一起讨论，共同制定一个居家学习生活方案，制定一张作息时间表。同时，有更多时间陪伴学生，全家人共同遵守，一起学习、一起锻炼、一起游戏，做家务时全家分工合作一起动手很有意义，可以让学生学会自主管理、自主学习，同时，改善亲子关系。

3. 感恩教育、责任感教育

家长从抗击疫情的一个个感人的事迹中，可以培养学生对他人、对社会、对国家的感恩之心。同时，教育学生对自己、家人、社会和国家负责，让学生明白，按要求在家做好隔离和防护、保护好自己，不仅仅是对自己负责，也是对家人和社会负责，更是对战胜疫情做贡献，以此培养学生的责任感。

4. 信息筛选能力教育

教育学生对各种各样、层出不穷、真假难辨的信息学会选择、学会判断，相信权威机构发布的信息，培养学生的信息筛选能力，在浩瀚的学习资源面前，提升学习的系统性。

在漫长的假期里，家长们可以静下心来，用心教育，陪伴学生成长，收获更好的亲子关系，培养一个更懂事、更成熟、更有责任和担当的孩子。

二、关于大湾区未来发展教育融合的探索

苏敏博士：大湾区对未来教育有什么影响？

鲁江：建设粤港澳大湾区、建设中国特色社会主义先行示范区是粤港澳地区及深圳的新定位、新目标，是大湾区新时代改革开放的总牵引，是对接世界一流湾区的大机遇。

我们应深度对接中央要求、港澳所需、湾区所向、深圳所能，立足全球教育坐标，在更高层次上推动学校变革，创造全球标杆城市的教育样板。

对标世界一流教育，大湾区教育应着力在以下方面增强核心引擎功能，发挥先行示范作用，引领大湾区教育生态圈建设，向全球教育链上游攀升。

一是打开体制边界，推动政府与社会的融合。发挥政府、企业、社会的优势，引入社会资源办教育，形成大湾区开放多元的办学格局。

二是打开技术边界，推动技术与教育的融合。发挥大湾区技术领先优势，加快互联网、人工智能与教育的融合，创造智能化教育的制高点，发挥

引领作用。

三是打开城市边界，推动城市与城市之间相互融合。推动港澳与广东省深圳市等湾区城市的交流与互动，发挥各自的优势，互相借鉴，共同提高，抱团取暖，共谋发展。

四是打开校园边界，推动学校与世界的融合。打开校门，把世界当作学校，把生活作为教材，对标国际一流教育，汲取发达国家教育的养分，建设有中国底气、有世界眼光的未来教育。

（在粤港澳大湾区教育论坛上与香港教育大学苏敏博士对话实录）

附 录

世界才是学生的教科书

文/彭一皓

问题一：1997年您调入深圳，此后一直伴随着深圳教育的发展与前行，能否为我们讲述一下您调入深圳前后的教育经历？您的教育初心萌芽于何时？

我1997年调入深圳，调入前在西安一所高校担任讲师7年。1997年香港回归祖国，驻港部队从深圳皇岗口岸开赴香港落马洲的那一刻，我与全中国人民一道，感受到从未有过的民族自豪感。从那个时候起，我开始关注深圳，被经济特区发展的速度所震撼。伴随着城市的迅速发展，深圳基础教育也开始加大力度引进校长和教师，加快建设学校，推动学校内涵发展。

1997年9月，深圳高级中学在香蜜湖畔诞生，这是一所具有改革气质的学校，我被学校超前的办学理念所吸引，受邀作为第一批教师加盟学校，担任团委书记，此后，担任学生处主任、北校区主任等职务，在该校参与教学改革、德育改革。在深圳高级中学工作期间，积极推动分层次教学、导师制等多项教育教学改革，开展学生自治活动，创建了学生自律仲裁庭，并筹建分校和北校区，学校质量迅速提高，许多教育改革在全国引起强烈反响，该校成为全市公认的四大名校。我被评为深圳市十佳青年教师、广东省南粤优秀教师，获得鹏城青年成才勋章等荣誉。

2007年，被深圳市教育局选拔担任深圳市第二高级中学副校长，负责教学、科研和德育工作，学校成为国家级示范高中，先后被评为广东省和深圳市德育示范学校、体育示范学校。

2011年，深圳市教育局选调我到局机关工作，先后担任德体卫艺处副处长、办公室副主任、组织人事处处长等职务，曾主持推动深圳市书香校园建设、深圳市中小学德育绩效评估、深圳市中小学职称评审制度、中小学校长教师轮岗制度、中小学校长职级制、中小学教师编制预核制度、中小学购买服务制度等多项重大改革。

2016年，深圳市第二实验学校校长职位空缺，我自告奋勇向局领导提出，希望从机关回到学校，到一线去做一些教育教学管理工作，局领导批准了我的请求。我感到，过去在市教育局工作期间，我看到了深圳教育的一片森林，回到学校后，我对如何种好一棵树有了更深的体会。在之后的时间里，我一头扎进学校，短短三年的时间，迅速改变了学校面貌，教师工作的积极性被激发出来，学生学习的积极性不断提升，书院制等教学改革被迅速推动，教育成果不断显现，高考成绩每年攀升，耽误了8年之久的体育馆顺利建成，被认定为危楼的初中部被重新启动建设，校园文化建设面貌一新，五个创新实验室建成并投入使用，学校形成鲜明的体育、科技、艺术教育特色，办学质量冲至全市前列。

2018年，我加盟深圳明德实验学校，担任该校校长。这是一所新型公办学校，采用学校去行政化，教师去编制化的新型办学体制，激发办学活力。我到任后，深入推动办学体制改革、课程改革、技术变革，学校发展呈现新的生机与活力。近年来中高考成绩在市区名列前茅，高中录取分数线大幅度提升，学生在各级各类竞赛中获奖人数在全市名列前茅。学校获得广东省优质基础教育集团培育对象、教育部教育信息化"双区"深圳智慧教育示范校、深圳市首批未来教育基地学校、深圳教育改革创新十大领跑学校、深圳最具变革力学校、全球基础教育风向标学校，我先后应邀赴全国各地作报告100多场。

从教31年以来，我先后在高中、初中、小学及教育行政部门工作过，从事过高等教育、基础教育，负责过高中、初中、小学教育教学，先后在公办、民办、公立非公办等各级各类学校工作过，熟悉各种体制学校的运营管理及教育教学，了解各级各类学校的优势及存在的问题，对教育有着较深刻的认识和体会。现在，凭着自己的教育情怀和对教育的领悟又回到学校，将自己的教育理念付诸实践，看到学校的显著变化，看到学生的成长，看到教师的发展和幸福，内心有一种巨大的成就感和职业幸福感，无悔自己的选择。

问题二：**在深圳这27年，对您个人教育观的形成和发展影响最大的人和事是？**

来深圳27年，对我个人教育观的形成和发展影响最大的人无疑是我的一个个学生。他们在中学阶段虽然成绩平平、貌不惊人，但在我组织的学生社团里却找到了自信的支点。比如我的学生郭××，中学阶段学习成绩一般，但嗓子特别好，后来参加合唱团，并担任领唱。高中毕业后考取巴黎高等师范学院音乐系，回国后在中央歌剧院担任花腔女高音演唱家，担任几十部大型歌剧的女主角。这样成才的例子很多，他们的长板被拉伸，潜力被激发出来，找到了人生的自信，获得了成功。

我认为，上帝给一个人关掉一扇门，一定会给他开启一扇窗。教育要善于发现学生的兴趣和特长，挖掘学生的潜力。教育的过程就是发现—唤醒—培育—改变的过程，因此，我逐步确立了"顺应天性，尊重差异，激发潜能，多元发展"的课程思想，致力于促进每一位学生的最优发展，让每一位学生找到适合自己的赛道，让不同成为更大的不同，而不是让不同都成为相同。我积极推动分层制、小班制、选课制、导师制、书院制等个性化教育模式，致力于挖掘学生的潜能并培养学生的优势。

问题三：**您曾担任过教育局人事处处长一职，而明德实验学校拥有教师招聘自主权，那么在教师的选拔与录用上，您都有哪些思考和评价标准？您认为一名好老师应具备哪些特质？**

明德去行政化、去编制化的管理体制使学校拥有了用人自主权、经费自主权。在编制管理的普通公立学校，教师招聘由政府主导，人力资源局和教育局按照凡进必考的原则，每年组织面向社会的公开招考来招聘教师。而明德的教师实行去编制化管理，全员聘用制。这一体制使学校拥有了招聘自主权，用人范围更加广泛，招聘方式更加灵活，学校的用人更加自主。

现在，明德实验学校有教职员工550人，其中，硕博研究生占80%，平均年龄只有32岁。"学高为师、身正为范"，明德的教师队伍可以说是群星璀璨、群贤毕至。

"不拘一格用人才"是明德实验学校教师的选拔与录用基本特征。首先，我们新招聘的教师不再局限于师范大学的毕业生，大部分都是来自清华大学、北京大学、复旦大学、南开大学、北京师范大学、华东师范大学、华南师范大学、香港大学、香港中文大学、英国伯明翰大学、澳大利亚皇家墨尔本大学等国内外著名综合性高校的优秀毕业生，他们有的是师范专业的，有的是非师范专业的，这些年轻教师理念新、思想活、干劲足、能创新、会干事，充满了激情和活力，是教师队伍的生力军。其次，我们面向全国招聘了一部分拔尖人才，包括全国优秀教师、师德标兵、教学能手、学科带头人等，这些德才兼备的优秀教师在教育教学中发挥着示范引领、带动辐射的作用，是教师队伍的骨干力量。

另外，我们坚持打开人才的边界，重构了跨界融合的教师新团队。我们利用深圳人才优势，特聘社会各界精英人才作为学校的兼职教师或"客座教授"，如大学、科研院所的教授、高新企业工程师、金融经理、律师、信息技术专家、企业家、文化名人、艺术大师、世界级运动员及杰出家长等，他们深厚的教育情怀和高屋建瓴的指导是学校全面实施素质教育的有益补充，同时，他们把各行各业的文化精髓带进了校园，使学校变成了五彩缤纷的新世界，因为"教科书不是学生的全部世界，世界才是学生的全部教科书"。

我们评价教师的标准是：活力、实力和魅力。活力即积极乐观的生活态度，敢闯敢试的工作作风；实力即扎实过硬的专业功底，成熟丰富的育人经验；魅力即气质高雅的精神风范，谦和儒雅的人格魅力。

问题四：近几年，深圳吸引了许多高学历人才投身基础教育，明德实验学校也迎来了不少师范专业出身之外的多元化背景老师的加入。面对这样一支具有全新人才结构的教师队伍，学校是如何进行有效管理与培养的？

体制变革为管理机制的变革提供了制度保障，催生了治理结构的变革。学校现在的内设机构是"三个中心，四个学部"，即校务中心、课程中心、创新中心和香蜜校区高中部、初中部、小学部和碧海校区小初部。同时，实施"十会校"策略，着力构建党委会、校务委员会、学术委员会、招标委员会、招生委员会、招聘委员会、工会、学生会、家长委员会、膳食委员会十个委员会，将校长权力让渡给十个委员会，"三重一大"事项均上党委会联席会研究讨论、集体决策，各委员会按照各自职责及学校管理制度依法行使职权。学校三个中心、四个学部、十个委员会的内部治理结构，既保障了学校对多校区的统一管理，避免了各学部管理及教育教学标准要求不统一、不同步等突出问题，又在纵向的学校管理机构的基础上叠加了横向的项目化机构（十个委员会），确保了学校管理重心下移，使学校内部治理结构由"科层化""扁平化""中心化"走向"简约化""矩阵化""立体化"。学校还健全了各项管理制度，编印的《学校制度汇编》收录了行政管理、教师管理、学生管理、教育教学、人事财务、总务后勤、电教管理等52项学校制度。各项工作均按照章程及制度执行，推动学校治理模式由强人治校向依法治校转型。目前，学校治理结构清晰科学，流程民主透明，管理顺畅高效，民主参与、多元共治的现代学校治理体系逐步形成。

为强化教师队伍建设，促进教师专业发展。采取了以下措施。

（1）实施"岗位聘任制度"，岗位聘任制打破了"铁饭碗"，干部能上能下，教师可进可出，使教师队伍成为一潭活水，有效消除了公立学校在编教师的职业倦怠，激发了教师队伍的活力，丰富了教师队伍的来源。

（2）完善教师薪酬制度，坚持"多劳多得，优绩优酬"的分配原则，打破"大锅饭"，制订实施改进教师薪酬的计划。

（3）完善教师职称评审方案，每年自主开展职称评聘，打破论资排辈的制度，教师职称评审过程民主透明、导向明晰，搭建畅通的专业发展通道，激发教师工作的积极性。

（4）实施教师绩效考核制度，打破"轮流坐庄"的制度，保证考核客观全面、注重实绩。每学期组织教师360°绩效考核，考核内容覆盖教育教学成果、上级评价、同行评价、家长或学生评价等多个方面，既有客观的评价，也有各种主观评价，评价后发放绩效奖，形成有效的绩效激励机制，激发教师工作的积极性。

（5）实施卓越教师阶梯成长工程，开展初级教师起跑行动、中级教师先锋行动、高级教师领航行动。坚持教研、科研、培训三位一体，促进教师专业发展。通过研讨课、公开课、示范课、展示课及教学基本功比赛、微课比赛、命题比赛、论文比赛、信息技术运用比赛等，以赛代训，强化教师发展的内驱力，促进教师主动发展。立足问题解决，强化校本课题的立项研究，提高教师的科研水平。坚持每年针对不同群体进行集中培训，包括学科教师培训、青年教师培训、主任导师培训、卓越教师培训、学校管理者培训及教师全员培训等，通过培训，更新教育理念，完善知识结构，改进教学策略和方法，提高实施素质教育的能力和水平，特别是信息技术赋能教育教学与管理的能力，引导教师做"四有"的好教师。

问题五：明德实验学校以"打开边界，融通未来"为办学方略，在朝着"未来学校"建设与转型的过程中，学校遇到了哪些难点？又取得了哪些成就？

近年来，我们根据中央"深入推进管、办、评分离，推进现代学校治理体系改革"的政策方向，坚持"打开边界，融通未来"的办学理念，深化改革、推动发展、提高质量、增强活力，成功探索出一条介于公办和民办之间的"第三条道路"，为传统学校转型发展探索出一条可复制、可借鉴、可推广的"明德模式"和"深圳样板"，在全国产生了广泛的影响。学校先后被评为深圳教育改革创新十大领跑学校、深圳市最具变革力学校、全国生态文明教育示范学校、海绵城市基地学校、深圳市在线教学先进单位。

近年来，我校教师在各级各类教学比赛中屡屡获奖，福田区青年教师基本功比赛，我校共有74人获奖，其中7个特等奖、26个一等奖、35个二等奖；刚刚结束不久的福田区班主任专业能力大赛，我校有3人荣获特等奖、3人获一等奖，特等奖人数占全区的1/7，充分展现了明德教师的实力。据统计，近两年我校教师获得国家级荣誉称号的有13人，省级荣誉称号6人，市级荣誉称号40人，区级荣誉称号83人；获评区级骨干教师31人，区教坛新秀32人，区名师工作室主持人9人，区名班主任工作室主持人5人。两年来学校教师共发表95篇论文，出版专著6部，课题立项46个。

近年来，我校教育质量逐年攀升，义务教育质量领跑全区。两个校区小学各学科区统测成绩大幅度进步，在全区名列前茅；中考成绩近两年在全区名列第一；国家义务教育质量监测中各项成绩位居福田区第一、省市前列；高考成绩低进高出，连续两年位列全区第二；高中录取分数线近两年大幅度提高，上涨20多分，从全区倒数升至全区第二；学生每年在文学、艺术、体育、科技等各级各类比赛中获得区级以上奖励的有1500多人次，成绩突出。碧海校区被明德接管后，教学质量逐年攀升，从一所薄弱学校跃升为领跑全区的优质学校。

学校在改革发展中也遇到了许多突出问题。

（1）由于和我校类似体制的学校不多，人才引进难度较大，体制内优秀教师不愿抛弃编制加盟我校。因此，学校招聘教师以校招为主，全校年轻教师多，教育教学及管理经验缺乏。正高级教师、特级教师、名教师数量不足，学科领军人物缺乏，教师培养需要进一步加强。

（2）受到全市学位不足影响，小班化教学受到严重挑战，初小招生规模不断扩大，教学场地接近峰值。

问题六：您提过，课程改革是学校改革与发展的起点，更是核心。明德实验学校目前的课程建设中，最大的亮点与特色是？

（1）学校坚持"顺应天性，激发潜能，尊重差异，多元发展"的课程建设指导思想，聚焦人才培养目标，围绕学科核心素养，着眼于学生发展需求，构建了由基础课程、拓展课程、特需课程组成的1+N课程体系，使学校课程既体现国家意志，又凸显学校特色；课程内容既丰富又聚焦，较好地处理了学业成绩和综合素养的关系。目前，学校开发了《中华文脉》（6册）、《生活中的数学》、《概率与统计》、《经济学》等400多门校本课程，无论数量和质量均处于区域领先水平。丰富多彩的课程让学生综合素养扎根于学科，拓展于活动，浸润于文化，形成了良好的育人生态。

（2）学校不断优化学习空间环境，推进校园文化美化升级。重视隐性课程的育人功能，设计建设了四季大厅，动态创建体育季、艺术季、人文季、创新季四季课程体系。创建了智能制造空间、自然生态空间、互联网创新空间、艺术创意空间、人文阅读空间五大学习空间，为创新人才的培育奠定了基础。积极开展主题教育活动，举办诗歌节、艺术节、体育节、科技节。大力开展优秀传统文化教育、爱国主义教育、理想信念教育、法治教育、生态环境教育、安全教育、生命教育、青春期教育、心理健康教育和生涯规划等专题性教育活动。

（3）积极开展综合实践活动，组织学生走进农村、走进企业、走进军营、走进高校、走向世界，通过开发红色基地课程、农村实践课程、劳动技术课程、军事探究课程和国际研学课程，引导学生能从个体生活、社会生活及与大自然的接触中获得丰富的实践经验，形成并逐步提升对自然、社会和自我内在联系的整体认识，具有价值体认、责任担当、问题解决、创意物化等方面的意识和能力。

问题七：明德实验学校以"导师制"取代了传统的"班主任制"，您能否为我们介绍一下"导师制"具体是如何实施的？在新的制度下，老师和学生分别有了哪些变化？

学校实行双导师制，打破了传统意义上一个班主任管理一个班的局限性，形成了全员、全程、全方位育人的格局。双导师制给科任教师赋能，每位导师负责几名学生，导师根据自己所长，对学生进行个性化学业指导、生涯规划指导、生活指导等，推动班主任的"管"向导师的"导"转变。教师不再是一个管理者，更多的是共同学习者、参与者、合作者。导师制下教师成了"平等中的首席"，师生间有了更多的接触交流的机会，师生关系更融洽。学生有了自己的导师就有了自己的知心人，"成长的烦恼"有了倾诉者，"生活的困惑"有了依靠者，"道路的选择"有了主心骨。实行导师制后，学生的行为习惯更加文明、更加有礼貌；学生更愿意和导师一起到田径场去锻炼；学生更愿意和导师一起走进实验室；学生更愿意和导师一起走进图书馆去探索……

班主任更重管控，导师更重引导，称谓的变化旨在推动德育工作理念、工作方式和师生关系的变革，以构建一种新型的育人方式。

问题八：深圳地处改革开放的前沿地带，奋斗是这座城市的主旋律，在对未来城市接班人——明德学子的培养上，您有哪些期待？

立足创新人才培育，为学生的个性发展、自主发展、创新发展、快乐发展创造条件、营造环境。

（1）保护天性，促进学生自主发展。

顺应学生的天性，使其自然生长、自主发展。引导学生自我规划、自主活动、自主提升、自我评价。提高人生规划能力、行动决策能力、组织协调能力和实践操作能力，以"自主发展"追求"自由人格"。加强对学生理想、心理、学习、生活、生涯等方面的指导，将学生发展指导融合到德育、智育、体育、美育和劳动教育之中，帮助学生更好地适应学校学习生活，处理好个人、集体、社会和国家之间的关系。

（2）面向全体，促成学生个性发展。

依托K12教育的优势，分析个体的智能差异，发现每个学生的天赋，以"个性化定制"模式促进学生优势智能的开发，充分利用主题化学习空间、创新实验室和微实验室，培养创新人才。满足学生的课程选择，有序地开展选课走班制度。注重学生学习能力的培养，促进学生系统掌握学科基础知识、基本技能、基本方法，培养适应终身发展和社会发展需要的正确价值观念、必备品格和关键能力。广泛开展各类主题教育活动，让丰富多彩的活动成为学生情感升华、个性发展、特长展示的校园舞台。

（3）着眼未来，推进学生创新发展。

推进学生创新发展，坚持知识学习与实践探索相结合，增进与学生生活和社会生活的联系，创设与教学内容相符合的教学情境，创造能激起学生思考的条件和氛围，把学习的主动权交给学生，突出学生主体地位，保护学生好奇心、想象力和求知欲。积极开展探究性学习、研究性学习和PBL项目式学习；培养学生信息意识和信息检索、鉴别、选择能力，注重提高学生数字化学习与创新能力，以及利用信息技术解决实际问题的能力，将学生信息素养纳入学生综合素质评价。

（4）尊重生命，促使学生快乐发展。

快乐能激发人的潜能，让学生在快乐的氛围中学习成长才是科学的教育。要善于发现学生的优点和亮点，及时予以表扬和鼓励。做好个别学生心理辅导，让心理辅导成为学生快乐发展的基础。优化学生综合素质评价管理系统，充分发挥综合素质评价对学生发展的指导作用，强化过程性评价。要积极构建民主、平等、和谐的师生关系，做平等中的"首席"，为每个学生的发展提供科学有效的指导与帮助，使学生充分享受成长与发展的乐趣。

问题九：作为"明德模式2.0"版本的开拓者，您对学校未来发展的规划是？

学校以"建设自由开放的未来学校，培养引领时代的创新人才"

为使命，以集团化、智能化、人文化、生态化、国际化为目标，努力创建社会主义先行示范区教育改革标杆学校，努力把学校建设成为六个示范校。

（1）办学体制改革的示范校。

继续推进办学体制创新，坚持福田区政府举办与企业支持相结合，在政策范围内，利用合作框架协议赋予的经费、人事、课程方面的自主权，依托基金会在技术、经费、人力资源等方面的支持，持续保持办学活力，找到一条公立学校体制机制创新的模式。处理好与政府、企业等的各种关系，争取多方有力支持。深入推进组织管理转型，完善学校内部治理结构，优化各项规章制度，构建民主参与、多元共治的现代学校治理体系。

（2）集团化办学的示范校。

积极筹建深圳明德实验教育集团，拟下辖5个校区，即香蜜校区、碧海校区、五洲校区（小学）、梅林校区（高中）。以集团化办学为契机，聚集明德人的智慧和力量，用好明德价值品牌，将明德做强、做大、做全、做优，促进教育集团协同发展和融合发展，促进集团办学效益的整体提升。

（3）互联网教育的示范校。

依托互联网企业智慧校园团队，升级校园智能化管理系统，进一步优化智能校务、智能采购、智能沟通、智能教务、智能教学、智能学习、智能评价等系统，建立消费机系统、图书馆管理系统、安防智能系统、常态化录播系统、精品课录播系统，重点部署智脑系统与教学全流程精细化管理系统。建设明德B站等网络教学示范站点，升级完善虚拟学校海豚学院，优化微课建设成果，丰富精品网络课程，整合国内外优秀数字化教学资源，建立完善、便捷、实用、门类齐全、内容丰富的信息化教学资源库。以学校教育信息化，支撑引领教育现代化，全力打造物联网智慧校园品牌。

（4）校园文化建设的示范校。

加强学校文化建设，创新学校办学理念，丰富学校办学内涵，强化师生文化认同、思想认同，增强师生凝聚力、向心力。进一步强化"一训三风"建设，继续秉持"明德正心，自由人格"的校训，建设"活力、实力、魅力"的教风、"自主、自律、自强"的学风和"自由、责任、创造"的校风，让学校文化成为引领全校师生共同进步的精神力量。实施美丽校园建设计划，进一步推动空间变革，建设多个主题开放式学习空间，促进校园净化、绿化、美化。完善学校制度体系，让制度的刚性和文化的柔性相结合，突出对师生的尊重和人文关怀，不断提升教师待遇，让广大教师在岗位上有幸福感，事业上有成就感，社会上有荣誉感，生活上有获得感，把学校建设成教师快乐工作、幸福生活的家园。

（5）卓越教师培养的示范校。

以"培养教学能手、课程专家、学生益友"为目标，继续实施"卓越教师成长"工程。从政治思想、师德师风、教育理念、专业知识、专业技术和专业能力等多个方面引导教师健康成长，通过专家引领、同伴互助、自我反思，提升教师专业素质。加大名师培养力度，锻造一批业务水平高、能力突出，具有较高威望和知名度，在全校教育教学中能起到示范和引领作用，在全市有一定的影响力，能代表学校水准的领军人才。发挥卓越教师的带动辐射作用，促进学校教师队伍整体素质的提高，提升学校核心竞争力。

（6）创新人才培养的示范校。

积极探索创新人才培养新模式，对接国家基础学科"强基计划"，加强基础学科拔尖创新人才培养，探索未来班、艺术班、体育班及各类社团12年一体化贯通培养机制。加强创新实验室建设，推动实验室升级改造，积极引进深圳高新科技企业进入校园，共建各类创新实验室。在智能制造空间，我们建设了航空航天实验室、汽车工程实验室、仿生机械实验室、数字制造实验室；在自然生态空间，我们建设了海绵城市实验室、河道治理实验室、生物基因实验室、海洋资源实验室；在互联网创新空间，我们建设了人工智能实验室、大数据实验室、智能物联实验室、虚拟现实实验室、5G技术实验室；在艺术创意空间，我们建设了服装设计实验室、工业设计实验室、动漫设计实验室等，还建设了影视媒体实验室。依托这些创新实验室研发创新课程，通过开展探究性学习、研究性学习和PBL项目式学习培养学生的创新精神和实践能力。

问题十：从名教师成长为名校长，回首前半生的个人发展历程，您有哪些心得、经验，想对全国教育工作者分享？

名校长、名教师不要追求自己成为所谓的英雄，但要致力于让每一个孩子成为人生的英雄；名校长、名教师也不要追求自己成为所谓的火把，但要努力成为点燃火把的那个人；名校长、名教师不要追求自己成为所谓的巨人，但要努力成为唤醒巨人的那个人。

问题十一：深圳刚刚经历了第一年新高考，能否邀请您为今年的考生送上几句寄语或祝福？

人生不是赢在起点，而是赢在转折点。高考是人生重要的转折点，希望同学们牢记人生目标，把握人生机遇，以坚强、自信和持续不断地努力面对未来，在未来人生之路上一骑红尘、独领风骚。

（《课堂内外》杂志鲁江访谈实录）

在世界坐标上构建中国学校的新样态

文/张凯

从深圳明德实验学校的教学大楼里向外看，不远处就是深圳的地标——香蜜湖。

20世纪八九十年代，香蜜湖就已风靡深港两地。这里诞生了深圳首个大型水上乐园、全国规模最大的度假村，成为当时深圳旅游业的重心。

1997年，鲁江南下深圳，从高等教育界转向基础教育界。

二十年来，鲁江担任过深圳市高级中学主任，参与创办了深圳市第二高级中学，担任过深圳第二实验学校的校长，也担任过深圳市教育局的处长；香蜜湖迎来了"华丽转身"，香蜜湖新金融中心正在开建。

2018年，鲁江担任深圳明德实验学校（以下简称"明德"）校长，带领这所由福田区政府举办、企业公益慈善基金会全力支持的十二年一体化学校从"新香蜜湖时代"走向"明德2.0"时代。

近几年，明德在基础教育界颇受关注。有企业护航和背书是一方面，但更关键的是明德在公立学校体制改革上做出了新的尝试。

明德采用去行政化、去编制化等方式，在用人、经费等方面拥有较大自主权，走出了介于公办与民办学校之间的"第三条道路"，被称为基础教育改革的"明德模式"。

那么，在办学体制改革背后，明德在育人方式变革方面做出了哪些尝试？身为第三批高考改革试点的省份，明德如何应对新高考？这是《新校长》杂志团队来到明德想要探究的问题。

作为"明德2.0"的掌舵者，鲁江身上既有特区人的拓荒精神，又时时注意改革与现实体制的平衡。平衡，正是他管理学校所信奉的原则：平衡政府与企业的关系，平衡校情与国情的关系，平衡今天和明天的关系，平衡校长管理与多元治理的关系，平衡国家课程、校本课程和学生课程的关系，平衡学业质量和综合素养的关系……

吕彦波说："新高考最核心的变化，是由知识本位走向能力本位的素养本位。教育的立足点在于，要围绕核心素养，让孩子从书本、教材走向生活和世界。如果还是只盯着教科书，采用'白加黑'、题海战术等传统应试教育的办法，显然无法适应新高考。"为此，明德确立了"打开边界，融通未来"的办学理念，就是要消融学校与世界的边界，冲破围墙对教育的阻隔，把世界带给学生，把素养教给学生，培养引领时代的创新人才。如此应对新高考改革，自然是水到渠成。

消融校园边界，从学业素养到综合素养

一、从封闭内向到自信开放

缪××同学目光如炬，说话滔滔不绝、自信满满。在读高二的他，对于明年的高考坚定不移：他要报考南方科技大学学习仿生学。

他其实是一个很自闭的学生，虽然对物理和科技感兴趣，但对未来还没有明确的方向，对于人生也比较迷茫。

直到他读到列夫·托尔斯泰的《忏悔录》，里面有一句话触动了他的心灵："劳动者的生活便是生命永恒意义的真理。"他告诫自己，要找到生命

的意义，创造自己的价值。

而真正有了创造价值的"引擎"是在他到明德读高中以后。

高一时，他对生物学科表现出极高的天赋，参加广东省中学生物竞赛获得了三等奖，这让他在学科学习上更加自信。

同时，社会考察课程又照亮了他的前行之路。他在学校的带领下参观了企业总部，在导师讲解下，了解企业发展史和当下前沿科技发明，在企业工程师的课上学会了编程。随后，他又参观了南方科技大学，感受创新型大学的学术魅力。

这趟到互联网企业和科技院校的体验让缪××同学内心的种子开始发芽。

高二选科，他坚定地选择了物理、化学和生物。在基础学科之外，他还选修了器官移植和生殖健康等拓展课，进一步拓宽了眼界。学习过程中，无论是收获还是困惑，他都会积极与自己的导师沟通。

就这样，在综合学科优势和兴趣爱好的鼓励下，缪××同学下定决心报考南科大仿生学专业，也密切关注着该领域的最新进展。

在仿生学领域，他最喜欢的是将机械跟人体结合在一起的电子文身。电子文身现在还处在理论研究和发展初期，但是在医疗系统、虚拟现实和可穿戴机器人方面具有巨大的发展空间。他希望未来能贡献自己的力量。

缪××同学不仅酷爱科技，也喜欢阅读写作。在一篇题为"扬帆，起航"的作文里，他曾写下了一次和同学们制作木船的经历。

起初，他制作的船模在下水测试时总是跑不远，这令他一度有些沮丧。夜里，他梦见了在下西洋途中的郑和。郑和告诉犹豫的水手们，只有不断向前，才能抵达终点。梦醒后，缪××同学激动不已。

一个月后，他再次来到湖边，放下精心制作的第二艘船。这艘船被他命名为"郑和号"。

在作文的结尾，他写道："我们几个肩挨肩搭在一起，充满信心地望着这艘承载着梦想与希望的小船。这艘船不仅仅是我们几个人的小船，更是整个民族的探索之船。它即将从中国大陆最南端的经济特区起航，驶向那无垠的远方。"

二、从"不温不火"到全力以赴

陈××同学读高一的时候，成绩并不是特别突出，学习动力也不足，属于"不温不火"的类型。

同样，随着生涯规划课程的展开，她的学习意愿发生了质的变化。

每学期的"明德大讲堂"会有来自不同领域的家长进行职业分享，也有来自深圳大学的讲师团，介绍不同行业的发展现状及未来前景。在一次次讲座和交流中，陈××同学开阔了视野，也了解了未来社会对人才的要求，并且发现自己对经济和金融有很大兴趣。

兴趣和热情激发了她的学习动力，这份动力很快转化为行动。

她的努力和变化被刘老师看在眼里。明德实行的是分层走班教学，华老师教的是英语学科S（super）层。最初，陈××同学并没有分到S层，但经过一年半的努力，她在高二下学期终于到了S层。

在S层，刘老师进一步发现，陈××同学对语言类学科表现出浓厚的兴趣，在学校丰富多彩的活动中，比如科技节、艺术节等，她也总是积极报名，争当主持人。

于是，刘教师推荐她去参加粤港澳大湾区某企业组织的青少年交流营，希望她能得到更多的锻炼。在交流营中，她确实展现出了更多的自信和活力，但也看到了其他同伴在思维逻辑和语言表达上的优势，意识到自己需要提升这方面的能力。

从交流营回来，陈××同学对自己提出了更高的要求。一方面，她积极参加演讲比赛、辩论赛等提升口语表达能力的活动；另一方面主动寻求数学老师的帮助，提升逻辑思维能力。

陈××同学的全力以赴得到了回报。最终，她考入中央财经大学金融财会专业，今年有幸随中央财经大学参加七一天安门广场的建党百年庆典大会。

回忆起陈××同学的高中生涯，刘老师说："在明德的三年，陈××同学学习的内驱力得到了激发，在收获成长的同时赢取高考，综合素质得到了极大的培养。"

三、从打开边界到融通未来

自信坚定、自主选择、方向感明确、视野开阔……这些是明德的学生所具备的特点，他们找到了自己的兴趣，也找到了未来的目标。

在鲁江看来，这些素质体现了明德的育人目标，也是应对新高考的必然要求。

"学生眼里只有教科书、只盯着考题肯定无法赢得新高考，还需要有开阔的视野、创新的精神、实践能力和批判性思维等。这要求我们不能采取强压式的教育方式，而要用内生型的教育方式，帮助学生找到内驱力，以综合素质赢得新高考。"

"要做到学生以综合素质赢得新高考，从学校的办学顶层设计来讲，就得从体制机制、内部治理、课程设置、课堂变革、人才队伍等全方位系统推进，由此形成了明德'打开边界、融通未来'的教育模式。即打开体制的边界，融通公办与民办；打开管理的边界，融通学校与企业；打开课程的边界，融通学业与素养；打开学习的边界，融通教材与世界；打开教学的边界，融通线上与线下；打开教师的边界，融通校内与校外。"

消融教师边界，重组跨界团队

教师是学校的窗口，也是学校的核心竞争力。

进入明德的教师，有来自师范院校科班出身的优秀毕业生，也有来自社会各界的精英，如通信工程师、基金公司经理、航空乘务员、银行营业部经理、培训机构金牌教练、专业运动队退役运动员……

因为"不拘一格用人才"，明德的教师队伍呈现出别样的活力和气氛。

一、通信工程师的知识迁移

2017年，曾经是一名优秀工程师的陈梦源在明德圆了当老师的梦想。

相比工程师每天跟设备打交道，他更喜欢与人来往；加上父母都是老师，耳濡目染中，也诞生了教育梦想。但对于转行当老师，他一度感到并不乐观，因为很多学校对专业有着严格的要求，是明德的创新人才机制让他的梦想成为现实。

来到明德，陈梦源先教的是初中数学，现在教高中数学。他的教学与一般数学老师大为不同，有着鲜明的工程师烙印。

首先，他注重知识在社会生活中的应用，这当然与其过去那段通信工程师的经历有关。

所以，他不会单纯从数学的角度讲数学，也不会局限于教科书。比如，在讲解数学应用题时，他会以深圳某一座真实的建筑作为例子切入；在"数学思维"拓展课上，他会结合《超级工程》等纪录片介绍数学在真实生活中的具体应用。

其次，他会将积累的工作经验迁移应用于学校的场景。

例如，他有一项本领，即不用借助智慧平台就能通过各种日常数据看清学生学习的走向变化。而这项本领，正是来自他曾经在项目管理和产品管理中学会了如何从不同报表和统计表的数据里了解项目的进展。

然后，他会积极地将自己的擅长点和平日的研究融入教学探索。

陈梦源大学学的是信息技术，转战教育行业后，不断探索如何将技术与教育结合起来。于是，他在教学之余，专注于微课的研发和录制，并共享到哔哩哔哩网站。很快，他的作品有了六十多万的点击量，他也由此成为一名"网红老师"。

最后，作为一名导师，他的职业履历对于学生的生涯规划和发展指导也有着参考价值。

他常常以自己负责厦深铁路深圳段的信号塔建设为例，向学生们分享一名工程师的工作日常；同时在和学生的相处中，他也会留意哪些学生对信息技术感兴趣，哪些学生具备工程师的素质，进而帮助学生找到方向。

从工程师到教师，从与设备相伴到与学生为伍，陈梦源在明德找到了自己的乐趣和价值。"虽然我不是专业师范出身，但也因此少了诸多规范的束缚，可以灵活运用我的全部知识和经历来教育学生。这是一件充满干劲和成就感的事情。"

二、"金牌教练"的净土

张涛川曾经是教育培训机构拿着高薪的物理"金牌教练"，如今，28岁的他在明德找到了真正能够施展教育抱负的净土。

回忆起在培训机构的日子，他有太多感慨。那时，每周只有半天休息时间，面对应接不暇的课程任务，每天都处于焦虑的状态。

"培训机构的教育目标就是要提分，所以只抓成绩，只看结果。对于学生来说，疯狂刷题是常态。对于教师来说，培训机构像工厂，产出标准化的老师。老师的风格都是一个样，甚至在备课的时候，连某个知识点要插入什么笑话都是一样的。"

来到明德，张涛川老师的教育技术有了用武之地，更重要的是在教育艺术上也与明德契合。兼具技术和艺术，教育的路才能走得更远。

在这里，他更注重激发学生的兴趣，更关注学生学习的过程，而不仅仅是结果。为了让课堂生动有趣，即便在进度紧张的物理课上，他也会用五分钟科普航母下水、东风导弹的知识。

当然，与培训机构最明显的不同是张涛川老师在明德还是一名导师。所谓导师，就是要耐心地陪伴学生成长，关注从学习、生活到德育的各个环节。而且，明德实行小班制教学，更有利于导师关注到每一个学生的成长。

作为导师，他秉持一个原则：尊重每一个学生，尊重他们的个性，也尊重他们的缺点。因为这份尊重，他也赢得了学生的青睐。即便已经毕业的学生，还有很多在周末会到香蜜湖公园和他一起打球。

现在，张涛川老师又有了更大的舞台，他正负责明德的虚拟学校"海豚学院"的建设。"培训机构因为考虑成本，在科技投入上明显不足。但是，明德在这方面具有天然的优势，这给老师的成长带来了很大的支持。"

三、把世界之美带回来

高伯寅出身艺术世家，2014年从华南师范大学研究生毕业后，成为明德的一名美术老师。针对小学到高中不同学段的学生，他开设了国油画、版画、雕塑等丰富的课程。

每到寒暑假，高伯寅老师就会出国考察，以"寻找美"的名义展开一次次的研学。他到土耳其、意大利、希腊等国家去观摩博物馆、美术馆收藏的世界名画和大师的艺术品。

观摩真迹是一方面，更重要的是，他要把真迹的美和近距离观摩的感受带给明德的学生。

所以，到了罗马的国立现代美术馆，在看到罗丹的雕塑《思想者》《青铜时代》后，他就录制了一段微课，讲解雕塑的尺寸、材质和观感，以及它和书本上所呈现的有何不同。

到了意大利的列奥那多·达·芬奇机场或者佛罗伦萨的米开朗琪罗广场，他会录制一段旅途中的奇闻逸事作为微课的素材，展现艺术和美如何渗透到当地的文化中。

每一次艺术之旅都会成为高伯寅老师美术教育的素材和养分。在他看来，美术教育不仅仅局限于课本，那样知识会很单薄，也没有生命力。所以他才会珍惜每一次游历世界的机会，希望实现立体和饱满的美术教育。

高伯寅老师并没有将自己局限于一位美术老师。"新高考、新教材改革背景下，学科导向转向了育人导向，美术学科要承担起以美育人、以美化人的功能。以美育人如何避免成为空谈？这就要求我们要拓宽课程领域，让学生看见美、感知美。"

四、跨界教师与学习无边界

可以看出，"教师跨界"是明德人才队伍的一个特点。

明德教师由于实行去编化管理，因此可以自主招聘教师，可以打破师范院校限制和行业限制，选所需之人，聘可用之人。

在接受记者采访前两个星期，鲁江刚面试了一位曾获得全国数学联赛一等奖的北大物理系应届硕士毕业生。这位物理专业的毕业生应聘的是数学老师，在普通公立学校，这几乎不可能实现，因为会受到数学老师招聘岗位专业的限制。但是明德为他打开了一扇门，给了他与其他数学专业毕业的应聘者一同讲课面试的机会。后来发现他的能力和素养符合明德的要求，学校很快就与他签了约。

在明德，除了"有校籍教师"，还有大量"无校籍教师"，他们是来自社会各界的精英，在学校开设了丰富的讲座和课程，比如基金公司首席经济学家开设投资理财和金融常识课，律师开设法律常识课，公务员讲解政府治理，外科医生科普紧急救护常识等。

跨界融合的教师团队促进了课程无边界、学习无边界、视野无边界。

正如鲁江校长所说："多元的教师队伍把世界带进了校园，因为他们的职业历程、人生经验都是重要的教学资源。近年来，新高考题目呈现出场景化、重应用的特点，更注重考查知识与实际生活的融合。而这对于明德的学生和教师来说并没有挑战性。"

消融课程边界，从丰富多元到系统聚焦

每当有家长问，明德实行素质教育还是应试教育时，鲁江校长就会用学校的课程图谱来回应，因为"课程会说话"。

在学校一楼大厅入口处，有一面"课程墙"，上面呈现了丰富且系统的课程，它们是学校育人目标与方式的最直观反映。每学期的选课深受学生追捧，选课时间一到，便上演"抢课大战"。

鲁江校长表示，高选择性的课程与个性化发展相得益彰，也适应了新高考的要求。

一、丰富、聚焦的课程图谱

明德的课程分为基础型课程、拓展型课程和特需型课程三类。

基础型课程体现国家意志，全体学生必修，面对新高考"3+1+2"选科模式，学校开了12个组合，满足学生的选择；拓展型课程体现学校特色，是基于学科的延伸和加强，主要是开阔视野、强化能力；特需型课程是根据学生的需求创设或生成的，主要是培养和发展学生的兴趣爱好和个性特长，由学生自主选修。目前全校三大课程体系的课程近400多门，居于领先水平。

这三类课程并不是相互割裂的，而是一个从面向全体、夯实基础，到面向分层、开阔视野，再到面向个体、丰富个性的培养过程。要实现这一目标，就需要对三级课程进行系统整合融通。

如何融通呢？明德给出的答案是：形成课程谱系。

所谓"谱系"，指的是课程并非"点状"，也非单一"线性"，而是多维并举，相互网状交融、动态发展，并重视科目之间和科目内外的统整。

具体而言，学校建立了"1＋N"课程群。"1"是指国家必修课程，

"+"是指课程变革中承前与纳新的动力，以及在必修课程基础上的课程张力，"N"是指拓展课程、特需课程、活动课程、整合课程等多元化、特色化、生本化的学校课程。

同时，"1"围绕基础课程，聚焦的是学科核心素养，"+N"则是将课程、教学、评价、管理、师生发展融为一体，逐步进入课程发展与文化创生阶段。

以语文学科为例，如何基于语文这"1"门基础型课程，来设计"N"门课程呢？

老师们首先基于语文学科核心素养展开课程设计的头脑风暴，老师们认为，一个语文素养很高的人应该有一些外显的能力和素质，如有一副好口才、能写一篇好文章、能写一手好字，以及有丰富的阅读量。围绕这四种能力和素养，学校针对不同学段的学生，开设了不同层次的朗诵课、演讲课、辩论课、写作课、书法课、中华文脉课等拓展型课程。

在拓展型课程之外，学校还将语文素养的培养应用到日常的学校活动场景中。

比如每周一的升旗仪式，过去是同一个校区的高中、初中、小学的全体师生在一起集会，现在改为以班级为单位，利用智能直播系统分班级、分年级、分学部举行。由于不用再到操场集合，节省的时间就能实现让每个班安排2名学生进行发言。于是，过去每周的校会上只有1名同学演讲，发展为现在每周全校有210名学生演讲，为更多的学生提供了锻炼的平台，也让国旗下的演讲更具针对性。经过长期的锻炼，学生面对高考作文的演讲稿写作自然得心应手。

从三级课程到"1+N"课程群，明德的课程既做加法，也做减法；既丰富多彩，又避免了杂乱无章，呈现出系统性、针对性、丰富性的特点。

"中小学课程改革容易走入一个误区，即比拼课程的数量，犹如'课程大跃进'。但老师和学生的精力有限，上那么多课程也不现实，最后往往形式大于内容。明德的课程建设更多的是做减法，经过重新调整，学校的课程不仅丰富，而且更加聚焦学科核心素养，更具系统性、针对性，有效解决了学业成绩和综合素养的关系。"课程总设计师鲁江说。

二、开放、融通的跨学科学习

除了以"1+N"课程群来培养和发展学生的学科素养外，学校还建立了六大主题开放式学习空间，着力建设跨学科的各类创新实验室，培养学生运用跨学科思维来解决问题的能力。

近两年，鲁江走访了深圳的几十家头部企业，邀请他们来校共建各类创新实验室，开发创新课程，为学生提供跨学科学习场景。

目前，在知行楼建成六大主题开放式学习空间，如智能制造空间、自然生态空间、互联网创新空间、艺术创意空间、人文阅读空间、四季大厅，并在六大空间内设计了16个创新实验室。

陶冶老师是香港大学博士，是学校创新实验室建设的负责人。他兴奋地说起，在自己的极力争取下，明德购置了一台价值60万元的6纳米级扫描电子显微镜。因为这类设备主要用于高校学术研究，所以明德或许是中国第一所拥有扫描电子显微镜的中学。

为什么要引入如此昂贵的设备？陶冶表示："一方面希望通过先进的设备激发学生兴趣，另一方面更是为学生提供自主寻找和记录新数据的途径，有了新数据就可以促进新问题和新方法的产生。"

据了解，这台扫描电子显微镜能让学生看到纳米级的微观世界。例如，电子显微镜下的头发，其实是呈有规律的鳞片状，而通过不同程度损伤的鳞片就可以看出头发的健康程度。这可以培养学生的想象力、研究力和创新思维，效果极佳。

当然，设备只是基础，课程才是创新实验室的"内容与灵魂"以及跨学科学习的载体。

以二楼智能制造空间为例，这里包括了航天航空、仿生机械、汽车工程和数字制造四个实验室，每个实验室的课程都围绕小学低龄段、小学高龄段、初中、高中贯通展开，每一门课程会涉及数学、物理、化学、生物、地理、语文、英语、美术中的几门学科的跨学科学习。

"课程内容创新与产业结合，十二年国家学科框架标准与创新科技结合，深圳特色科技元素与教学体系融合，这就是明德创新实验室的三大特色。"陶冶说。

三、自主、多元的个性化发展

莫峻老师是英国利物浦大学博士，是明德科技总辅导员。明德成为深圳首家"湿地学校"后，莫峻老师便开设了海绵城市和湿地研究相关的拓展课，为学生普及生态理念。

而那些希望对海绵城市或者湿地研究深入研究的学生可以通过特需课程实现自主性学习和个性化辅导。

张××同学平日热衷于研究生态环保类问题。在参加了莫峻老师的特需课程后，她聚焦到生物通道这一小切口：当下，高速公路建设使地块网格化，但很多网格之间没有生物通道，让野生动物的生存空间逐渐缩小。很快，她便开始了"关于在深圳建设生物通道的设想"课题的研究。在经过研读理论、实地调研、测量数据和方案论证后，她提出，在深圳的高速公路上设计一座符合海绵城市建设标准的生物桥，既满足生物桥两侧小型哺乳动物往来的需求，又能就地收集蓄存和回收利用雨水。

最终，这一课题获得深圳市2017年度中小学生探究性小课题优秀成果一等奖。更令她激动的是，深圳首条野生动物生态长廊已经在大鹏新区开始建设。

与张××同学一样，赵××同学也对城市生态建设思考颇多。在经历一次深圳暴雨后，他想到如何改善社区治理，推动全社会对水资源的保护和合理利用。

为此，他实地调研了5个社区公园，花许多时间查找关于生物净化、透水路面砖、植草沟、雨水花园、地下蓄水池等大量资料，完成了"福田区中康社区公园的多功能设想"课题。他提出，以社区公园为节点，建立海绵城市网络、共享单车立体停车库网络和青少年运动场地网络。

后来，福田区人大代表以他的小课题为基础提出建议，成为2020年福田区两会重点建议，并由福田区领导领衔督办。

在莫峻老师看来，申报课题并不是目的，学生独立完成课题项目的过程是对学生全面发展的综合锻炼。这种基于学生兴趣和社会问题的锻炼让学生在更宽广的世界中培养核心优势，在自主成长中成为更好的自己。

为了促进学生个性化发展，学校实施小班制、分层制、选课制、走班制、导师制、学分制，推动以学科重组、课程重构和课堂重建为核心内容的课程改革，既确保了学业标准，又使学生的个性特长得到充分发展。

消融技术边界，以硬核科技重构教学生态链

硬核科技是明德朝向未来学校之路的先天优势。

明德在办学之初便定下了"成为一所具有鲜明互联网特色的基础教育改革标杆学校"这一目标。

为此，学校成立了创新中心，积极引进全球领先的互联网技术，由学校骨干教师和互联网技术精英联合攻关。

每周，校长助理兼创新中心主任钟小其都会邀请互联网企业教育创想中心的技术顾问，或者市场上的教育科技公司共同研讨互联网科技在一线基础教育的应用实践，比如了解教育产品的更新迭代情况，以及哪些产品适合明德的应用场景。

一、构建六大智能管理系统，建设数字孪生校园

据钟小其介绍，明德在"AI+教育"方面主要有三种应用场景。

一是促进学校管理转型，包括校务管理、教务管理、教学管理、学生管理和教师管理；二是从备课、上课、作业、考试、辅导、评价等领域撬动教与学方式的变革；三是推动师生信息化素养的提升。

基于这三种场景，针对学校管理和教学的关键环节，明德搭建了六大智能系统：智能校务系统、智能采购系统、智能教务系统、智能教学系统、智能学习系统、智能沟通系统。

六大智能系统的落地自然需要各类技术和产品。这方面，企业的技术优势便体现了出来。

一方面，面对明德在教育教学上的个性化需求，企业利用其领先的技术和成熟的产品给予学校强大的支持。

比如，为加强教室或功能室空调、电教设备的管理，明德借力企业的物联网技术，将所有教室的灯具及电教设备联网，然后根据各教室和班级的作息时间和课表设定自动开关时间，把所有的遥控器收掉，实现了校园设施设备管理的自动化、精准化，有效解决了电器设备经常不关的现象，一个用传统管理无法解决的老大难问题就这样迎刃而解了。

另一方面，面对市场上已有的、适合明德需求和应用场景的科技产品，明德依托企业的平台，汇集产品、开放接口、打通数据，避免了信息孤岛的难题。

更关键的是，明德是基于企业微信和智慧校园平台，连接众多产品，解决统一登录问题。也就是说，学校师生只需要在手机上就可以处理排课选课、文件传输、采购审批、自主学习等事务，极为便捷。手机便成为一个掌上的"数字孪生校园"，真正实现了全方位、全过程、全天候的信息化支撑体系。

二、系统优化教学效能，重构新型教学生态链

在六大智能系统中，智能教学系统是主阵地。在信息技术和人工智能进入课堂的过程中，真正实现精准教学和个性化教学是一大挑战。

对此，明德聚焦课堂教学的六个关键环节，即备课、上课、作业、辅导、考试、评价的痛点，借助多种智能化产品与教学深度融合，解放老师，激活学生。

（一）智能备课平台

规模较大的学校，尤其是集团化学校，集体备课、跨校区教研是一大难题，由于时间和空间的限制，一方面，学校安排教师集体备课和集体教研工作的难度较大，另一方面，教师集体备课流于形式、实效性不高的问题比较普遍。

针对这一问题，学校依托企业微信，搭建了智能备课平台，参与集体教研的老师不再需要在场或在线，只需在各自方便的时间参与讨论，在分工协作的基础上开展集体备课，使教师集体教研冲破了时空的限制，大大提高了教师的工作效率。

同时，智能备课平台使每次集体备课的内容得以保存和传承，日积月累后就形成了学校的教研大数据。明德香蜜校区和碧海校区都有规模较大的小学部，过去，两校区小学部老师互不往来、缺乏交流、各自为政。现在，两个校区小学部的老师们通过智能备课平台，每天及时开展跨校区集体教研，开展集体备课，上传和积累了大量教学资料，跨校区教研的质量和效率大大提高，一个长时间存在的教研难题得到了有效的解决。

（二）智能学习平台

传统课堂最突出的问题是优秀师资分布不平衡，针对这一问题，学校积极建设虚拟学校海豚学院、明德B站，组织优秀老师录制了一大批微课，并建设直播室、录播间，通过虚拟学校微课、直播课堂、双师课堂、远程课堂为

学生授课，一名优秀的老师可以同时给更多的学生上课，实现远程双向互动教学，大大提高了教学效率，也扩大了优秀老师的辐射影响范围。同时，借助互联网技术、智能课堂可以实现自动录课，学生在课后能够回看，优课资源利用率大大提升。

（三）智能作业平台

对于作业针对性不强、批改工作量大、缺乏科学精准分析等缺点，学校以企鹅智笔为载体，搭建了智能作业平台。

在随堂测验中，企鹅智笔记录了学生完成作业的书写过程，实现在线批改，并快速生成个性化分析报告，包括作业总分数、完成某一道题的时间、具体在哪一步出错等数据。

智能作业平台一方面达到了课堂完成作业、课后不留作业的目标，另一方面，对过程性数据的采集分析能促使学生积极做作业并与老师及时反馈交流，促进精准教学和学生个性化学习。

（四）智能考试平台

针对考试环节命题工作量大、批改分析耗时长、统计分析不及时、不科学等问题，学校基于"一起中学"平台推出了智能考试系统。老师可以根据学生学情设计难度系数和要求，平台自动生成考试题库，并实现智能批量批改和智能分析的理想，实现了从命题到改卷再到分析的智能化流程，大大提高了考试效率。

（五）智能评价平台

针对评价环节中存在的评价单一等问题，学校借助"学优评"平台建立了智能评价系统，针对学生的行为习惯、课堂表现、作业考试水平等方面形成了多维立体的评价。到了期末，每个学生拿到的不再是简单的成绩单，而是20多页的学生发展报告，包括每个学科的素养评估、体质发展评估等。

三、建设虚拟学校，构建学生自主学习平台

在教与学中，学生是主体，学习是关键。而学习的途径除了学校以外，课堂以外的自主学习非常关键。尤其对于选课走班的学校来说，学生都有自己的课表，自主学习尤为重要。

为了突破实体学校的局限，方便学生自主学习，明德开始了虚拟学校的建设。

学校建立了"海豚学院"在线学习平台，组织老师录制从小学到高中12个年级各个学科的原创微课，学生可以随时随地进入"海豚学院"学习。

学校建成2个专业在线课程直播室及4个声学静音录课室，组织老师持续进行微课录制，并将线上课程扩展到人文、数理、艺术、体育、国际等六大领域，如今，"海豚学院"有原创微课视频超过6000节，并免费向全国中小学生开放，访问量超过30万人次。

"'海豚学院'与实体学校互为补充，对教育教学产生了促进作用。所以，疫情来临后，面对延期开学，停课不停教、不停学的要求，明德从硬件到师资，从学校到老师，从课程到课堂，都能从容应对。"负责"海豚学院"建设的张涛川老师说。

除了"海豚学院"，学校还建立了"明德B站"，在哔哩哔哩网站上传老师们录制的优秀微课，方便学生学习，也让学校精品教学资源受益更多学习者。

这些在线学习平台成为明德的虚拟学校。在虚拟学校，老师摇身一变

"网红主播"，把课堂开在学生身边，以优质的线上教学资源为课前预习、课后复习提供帮助。学生人人可学、时时可学、处处可学，实现"无限制学习"。

消融教育边界，从素养本位到全球视野

一、在教育的经度与纬度中编织未来

20年前，中国不断推进英语教育的普及。20年后的今天，对互联网时代的学生来说，新的"语言"又是什么呢？

在明德编程课总负责人、企业青少年科技学院总监凌云看来，编程就是一门新的"语言"。"随着互联网和人工智能在生活和社会的渗透，新一代学生不管将来从事什么行业，都得和互联网、人工智能共生共存。所以，学习机器的语言，了解机器处理数据和'思考'的逻辑，是现代公民应该具备的素养。"

从2018年起，明德与企业青少年科技学院展开合作，对从小学到高中不同学段的学生开展编程教育，形成了完整的课程体系。

明德编程教育主要分三种学习方式。一是扎根明德，长期开展的校本课程，涵盖图形化编程、艺术编程、高级程序设计语言、游戏设计、3D图形编程等内容；二是企业科技营地，每逢寒暑假以及明德科技节，初一和高一的学生会到企业总部和教育基地进行学习；三是组织学生参与编程类赛事。

三年来，凌云欣喜地看到，编程课程对明德学子成长产生了重要价值。

现读高一的贾×同学就是典型的例子。相比很多从小接触编程学习的学生，贾×同学编程教育启蒙较晚，初一在明德才开始接触图形化编程。虽然起步晚，但他的学习能力和学习意愿非常强，成长速度很快。初二的文本编程课程结束后，无论基础检验还是拔高检验，他都拿到了满分。后来他在

Scratch全球少儿编程大赛的作品还登上了中国版网站头条。

编程课程对贾×同学有着独特的意义。过去，学习对他而言更像一种任务，不得不学。参加编程学习后，他开始主动查找知识，与同伴交流；他开始主动提问，并寻找答案。

他重新审视自己的学习。这样的审视又激发了他对其他学科的学习兴趣和意愿。经过几年的编程学习，他对自我也有了新的认知，他希望将来能够从事信息技术方面的工作。

"科技教育其实不只是编程，它可以衔接和带动多学科的学习。编程跟英语一样，是未来孩子们要掌握的语言基础。"凌云说。

为了让编程这种语言基础更好地在学生的学科学习以及综合素养上产生价值，明德的编程教育针对不同学段的学生有着各自的侧重点。

小学阶段——首先从图形化编程开始，帮助学生打开视野，激发兴趣。然后，因为机器语言的特征是逻辑化，所以还侧重让学生在不断试错中训练逻辑思维，奠定跟机器对话的语言基础。事实上，逻辑思维是终身学习中很重要的素养，也是学习能力的重要组成部分。

初中阶段——侧重培养学生处理综合问题的能力，学会理解问题，并通过整合应用知识去解决问题。让学生知道，编程只是思想的路径。

高中阶段——针对高中生的思辨能力和创新意识上涨，为他们提供资源和平台，帮助他们实现创意，尝试把梦想变成现实。同时，引入职业先修理念，将互联网渗透下的各行各业融入编程教学，帮助他们对大学学科和未来职业场景产生清晰的认知。

当然，这并不意味着编程课程只是为了培养将来从事互联网行业的人才。在凌云看来，科技元素只是提供路径、平台和视角，绝不是学习本身。

"依托企业优势的科技教育和学校基础学科的教学是一种纵横交错的关系。学科教学更像经度，有体系、讲扎实；科技教育更像纬度，拉通不同学科。经度与纬度交织才是比较完整的学习和成长体验。"

二、跨文化交流学习

游××同学是明德的首届初中生，也是首届高中生。

初中时，面对学校提供的到国外交换学习的机会，他非常珍惜。在过五关斩六将后，他成功申请到美国最大的私立学校——伍德沃德学院进行交换学习。

交换结束的时候，他面临一个选择——因为各方面表现俱佳，学校希望留他在美国继续完成中学学业。最终，他选择了回国，"因为我是家里唯一的儿子，希望能回去多陪陪父母。"

回国以后，游××同学有了新的任务——接待来明德交换学习的美国同伴。他热心地帮助同伴适应课堂，提高中文水平，体验深圳文化。

美国同伴来中国后住在游××同学家里，有一天两人聊天时，美国同伴说："你的房间才10平方米，我的房间有40平方米。"虽然是无心的一句话，但让游××同学感到不好意思。老师宽慰他，美国同伴在美国住的是别墅，觉得深圳的房子小很正常，这就是不同文化的碰撞，并建议他在路过中介公司的时候，可以带同伴进去了解一下深圳的房价，同伴自然就理解了。

游××同学真的照做了，美国同伴从此对中国的居住环境有了进一步的了解。

交换快结束时，美国同伴的父母也来到中国。两家人热情地聚会，还一起游览世界之窗。一次短暂的交换学习，使两个家庭建立了深厚的友谊。

当今社会，经济方式、数字技术、人口结构和生存环境的加速转变让人们面临更多跨文化交流的机会和挑战。于是，全球素养变得越来越重要。

根据2017年世界经合组织发布的《PISA全球素养框架》，全球素养是指青少年能够分析当地、全球和跨文化的问题，理解和欣赏他人的观点和世界观，与不同文化背景的人进行开放、得体和有效的互动，为集体福祉和可持续发展采取行动的能力。

明德对学生的全球素养培养有更高的期待。因为深圳属于外向型城市，对国际交流有天生的渴望，同时深圳也是文化多元的移民城市，家长思维更开放，对跨文化的期待值很高。

明德近年来加大国际化人才培养力度，制定了清晰的国际化发展战略，实行12年一体化贯通培养。学校在全球五大洲建立了25所海外学术基地合作学校，定期组织开展国际交流和交换学习，学生从小学二年级就开始有机会进行为期1~3周的短期国际交流，中学阶段提供机会开展交换生学习。

学校开设国际语言与文化课程，包括英语、西班牙语、法语、俄语等，让有兴趣的学生可以选修丰富的第二外语课程。同时，举办跨文化交流PBL项目，和爱文世界学校合作的明德爱文大师学院，来自美国纽约、巴西圣保罗和中国的高中生在"创客之都"深圳完成创业项目式学习。比如，在智能手机主题项目中，拥有一定启动资金的学生们分组到采购零部件，再组装硬件、调试软件，最终产出一部能够投入使用的手机。

在"课程互认、学分互转"的合作框架下，明德学生在语言课程、国际访学、定点交换、全球体验中逐渐学会在不同文化间自由穿梭、多种价值体系自由切换、多种思维方式自由调频。

（本文发表于《新校长》杂志）

让每个孩子找到自己的赛道！

文/刘畅、王纳

　　2021年9月，新开启的秋季学期是全国中小学全面落实"双减"政策要求的第一个学期。为学生减负，消解"教育焦虑"，营造良好的教育生态，一场影响重大而深远的教育改革正在进行中。在"双减"大背景下，强化学校教育主阵地作用，促进学生全面发展、健康成长成为全国各地奋力变革探索的重要方向。

　　在深圳，有一所被称为"最具变革力学校""深圳市教育改革创新十大领跑学校"的十二年一体化公立学校——深圳明德实验学校。在这里，小班制、选课制、走班制已实行多年；免费公开的线上"海豚学院"，优质的学科内容由孩子们自主选择跟随学习，线上线下轻松交融；从年初到年尾，科技节、国际文化节、趣味体育比赛、草地音乐节、校园戏剧节等丰富多彩的"四季课程"是孩子们恣意徜徉的欢乐天地；击剑、高尔夫、戏剧社、合唱团、社会实践调查等400多门社团活动任孩子们课后选择参加；还有数字制造、航空航天、河道治理、生物基因等18个创新实验室已陆续开放，供孩子们深度创造性学习……可以说，在深圳明德实验学校，学校就是学生学习成长的"主阵地"，传统的学科作业压力、校外培训负担在这里已然不存在。

"明德模式"究竟有哪些借鉴和启发？正在推进中的"明德2.0行动计划""建设互联网先锋学校"究竟将探索哪些改革路径？近日，深圳明德实验学校校长鲁江接受了广州日报全媒体记者的专访。

课堂变革：用艺术滋养课堂

8月下旬，一连五天的"福田教育戏剧联盟·明德专场"的教师戏剧素养培训在深圳明德实验学校剧场举行。参加专场培训的是20多位明德实验学校的语文、英语、音乐、美术、道德与法治等科目的老师们。

培训中，在专业教育戏剧导师的带领下，以莎士比亚经典剧目为素材，老师们在"演员""参与者""教学者"之间来回切换，一起探寻教育戏剧在学校教育中创造更多的可能性。培训现场总结分享时，有老师直言："学科老师为什么要学戏剧？"她从最开始的不理解、不参与，到后来开始自问"我想成为怎样的老师""如何成为孩子成长的引路人"，再到最后从戏剧体验中找到创意教育的灵感——对学生少些忽略、拒绝，哪怕从对孩子温暖的回应开始，"课堂、教学、教育"就在于改变。明德的老师们纷纷表示，将会把教育戏剧的方法迁移到语文、英语、音乐等各自的课堂教育之中，将课堂内容戏剧化地改编，"让教学不再死板"，老师更加关注学生表达时的情感倾向，激发孩子们的专注和期待，让孩子们萌发一种内在的驱动力，对学习内容更加感兴趣，进而加深对知识的理解，并在认知的过程中建立一个完整的自我。

"这就是打开教学边界，打开学科边界的魅力！"鲁江开门见山地点评道，而"打开边界，融通未来"正是明德的办学方略。目前，明德实验学校正是"福田教育戏剧联盟"主持人学校。鲁江表示，戏剧是一门综合艺术，教育戏剧是一门跨学科教学，其教育效果特别好。因为在教育戏剧里有戏剧的场景，学生身在场景之中容易受到文化氛围的震撼和感染；同时戏剧里充满了悬念、冲突，戏剧场景可以激发孩子的思维、引起情感的共鸣；另外，戏剧中有文学、音乐，戏剧场景的布置、舞台的搭建、海报的设计又充满了美学。所以，多年来，在明德"四季课程"的"艺术季"中，校园戏剧节一直是很经典且备受瞩目的板块。

"我们也想尝试改变'照本宣科式'的传统教师培训模式，希望让教师培训不再枯燥，而是能触及我们老师心灵深处的，能引发他们对一些教育观念的思考，进而在实践中尝试变革。"鲁江说，这次教育戏剧专场培训初步做到了这一点。"我看到我们老师们的眼神都变了。"老师们能感悟到教育的真谛和本质，这是非常有价值的，最终受益的是学生。

鲁江表示，"双减"政策下，学校要切实为学生减负，也要保证教学的质量，那就要向课堂要效率，做好课程设计，借鉴艺术的力量滋养课堂、激活课堂就是一种路径。近几年来，明德实验学校大力推进课堂变革：音乐课就是一堂戏剧课；历史课讲《郑和下西洋》，可以同期到我国古典音乐欣赏；道德与法治课可以是多媒体技术、电影艺术集合；甚至运动会开幕式也可"变身"为一门课程，如每个方队解读一门运动项目等。

推进明德2.0行动计划，建设互联网先锋学校

鲁江曾在教育行政部门工作多年，还有20余年的学校工作经历，有丰富的学校管理经验，是"广东省南粤优秀教师""深圳市十佳青年教师""深圳市十佳校长"。而深圳明德实验学校由深圳市福田区政府举办、企业支持，实行学校去行政化、教师去编制化管理，是一所办学体制改革实验学校。办学多年来，学校在法人治理结构改革、课程改革等方面取得了重大突破，为我国公立学校体制改革和管理创新输出了丰富的经验，产生较大的示范效应，被称为基础教育改革的"明德模式"。

5年前，鲁江从深圳市第二实验学校校长调任深圳明德实验学校校长。到任后，鲁江提出"推进明德2.0行动计划，建设互联网先锋学校"。他说："创新与探索是明德学校自创立以来一直坚持的理念。"近年来，学校积极引入企业领先的互联网技术，探索和实践人工智能技术在校园中全方位地运用，着力以互联网智能化方式撬动教与学方式的变革、促进学校管理的转型、推动师生信息化素养的提升。

"我们在空间、技术、课程、人才上进行变革，力图打造出不一样的学校气质。"鲁江说。明德实验学校正在打造三大办学特色。首先是智能化校园，学校的工作方式跟传统的工作方式完全不一样，很多工作都是在企业微信上完成的，包括各种资源采购的审批流程等，未来还会展开智能教学。除了实体学校之外，还有线上的虚拟学校"海豚学院"，学生哪一节课没听懂就可以随时在线上重新听讲，做到线上线下互相交融。

其次是生态化校园。以正在进行的学校设施改造为例，学校内及周边地面上铺的全是透水砖，学校广场就是一个大的"海绵体"，可以及时导流雨水，也可以回收水资源进行重新利用，是深圳海绵城市基地学校。而校内正在打造自然生态空间（海绵城市实验室）、河道治理实验室、海洋资源实验室将供孩子们探索实验所用。可以说，身处明德校园内外，节水、"海绵城市"理念的生态环保意识已悄然渗透，正蓬勃萌发。

"明德还将是人文化的校园。其中的一个重要指标就是把学校变成一个老师、孩子们流连忘返的'幸福家园'。"鲁江说。现在"双减"政策下提倡的校内午餐午休、课后延时服务，对明德来说一点都不陌生，因为在明德已经实行多年了，且成效良好。

如校内午餐午休制度，明德甚至还将小学生午休午托开发成了"生活滋养课程"，对餐前、餐中、餐后进行了设计，由学生自主管理，实现生活自理。过去每天中午有100多个家长会来校帮忙分餐和做其他服务工作，现在家长们全部撤离学校，不仅家长们很高兴，孩子们的能力也得到了锻炼；明德很早就实行一二年级不进行考试的制度；在课后延时服务上，明德有400多门拓展课程，甚至把屋顶和每一个楼层所有的房间都腾出来，让学生选择的各类社团按时开放。

鲁江告诉记者，这得益于明德灵活的办学机制，学校多年前就开始向社会购买课外社团课程，把社会各方面的优秀资源都引入了校园，有艺术的、体育的、科技的，这些课程极大地提高了学生的文化素质。

打开边界，融通未来

由于有企业的支持，明德实验学校自诞生起就带有鲜明的科技创新基因。鲁江研读了众多互联网著作，将互联网思维注重的"跨界融合""万物互联""多元开放""灵动自由"……互联网企业文化与学校的现实教育相结合，进一步形成了明德实验学校"打开边界，融通未来"的独特气质。

比如"打开课程边界"，明德探索多学科融合，将教育教学和生活融合，把校园与世界融合，把多学科跨界融合。"教育戏剧就是一个最好的跨界学科，它打开了学科的边界，把其他的学科都融入进来。"鲁江说。近年来，深圳明德实验学校建设了基础课程、拓展课程、特需课程三大系列的课程谱系，立足社会生活和学生实际，将学习置于真实的生活情境中，开发出红树林课程、湿地研究、海绵城市、中国原典文化等200多门校本课程，同时引入编程课程、网络素养课程、产品经理、音效制作等课程，正加快推进智能制造空间、自然生态空间、互联网创新空间、艺术创意空间、人文阅读空间、体育运动空间等课程基地建设，着力建设富有生命力的课程体系。

为了把这些课程讲好，明德还进一步打开了人才的边界。从改革岗位聘任制度到无校籍教师，再到家长教师等。在明德，有学化学的老师教物理课，有曾为工程师的老师在明德教数学，有曾为空姐的老师在明德教英语……这种"举师唯才"的做法为深圳明德实验学校注入了新鲜血液，来自各行各业的精英老师也为"明德模式"注入了鲜亮色彩。

"我们相信，孩子有差异但没有差生；我们希望帮每个孩子都找到'自己的赛道'，让每个孩子都获得最优成长"！鲁江表示，秉承"明德正心，自由人格"的校训，深圳明德实验学校将以"建设自由开放的未来学校，培养引领时代的创新人才"为使命，持续推动体制变革、管理变革、课程变革、技术变革、人才变革，立足全球教育坐标，努力把学校建设成为中国特色社会主义先行示范区的改革标杆学校。

（《广州日报》专访深圳明德实验学校校长鲁江）

闯出办学的第三条路

文/"名师说"记者　庄树雄

2021年11月12日，深圳明德实验学校正式成立教育集团。这是福田区第五个教育集团，也是深圳市首个采用新型办学体制的公立教育集团。其成立意味着八年磨一剑的"明德模式"渐趋成熟，受到政府和社会的认可，将承担更大的社会责任，向更大的范围发挥对外辐射作用。

从某种程度上说，这也是对深圳明德实验学校校长鲁江任职三年来的一次集中检阅。2.0版本"明德模式"的打造与这位颇具传奇色彩的掌舵者息息相关。

从大学教师到中学名师，从中学名师到市教育局处长，从处长到市直属学校校长，又从市直属学校校长到创新型学校校长，数十年职场生涯，鲁江的每一次变动似乎都出人意料。

他自言自己是一个理想主义者，更喜欢在学校和师生们在一起，喜欢学校教育教学工作。而在师说君看来，鲁江校长具有宽广的视野、跨界的思维和创新的能力，在行政管理和教育教学等方面都有着深厚的积淀。对教育改革创新的追求是他不变的动力，这种创新求变的精神又是激发他不断挑战的活力。

在近日举行的粤港澳大湾区"科技兴国，强国有我"研讨会上，深圳市教育局领导发表了"面向未来的教育与面向未来的学校"的演讲，对明德近年来的改革探索给予了高度评价，认为近年来深圳明德实验学校发生了巨大变化，从内向外散发出先锋学校的气质。深圳市政府原常务副市长刘庆生同志批示：明德实验学校的办学改革是有可能引领国家未来义务教育改革方向的。

由此观之，对于以改革创新立校的深圳明德实验学校，尤其是对于正在迅速发展的深圳明德实验学校教育集团，人们可以期待的还有很多……

一、明德最重要的改革是闯出办学的"第三条路"

问：改革是深圳明德实验学校的标签。您觉得学校创办多年来，在哪些方面取得了实质性的改革成果？

答：这些年明德最重要的改革就是在办学体制上闯出了一条有别于公办、民办的"第三条路"，这种政府举办、企业支持的新型办学体制既有政府的强力保障，又有企业的强力支持，同时又引入了企业的绩效管理，为学校变革与发展提供了一个"深圳样板"和"福田经验"。这与深圳建立经济特区的做法相似，经济特区就是在计划经济体制下引入市场要素，而明德的变革，既保留了公办体制，又在政府主导下引入市场的要素，让学校体制机制更灵活。

问：这样的变革给学校带来了哪些变化？

答：学校去行政化以后，不定行政级别。学校建立了一套完善的财务制度和招标采购制度，但超过政府关于集中采购标准的项目，我们仍参加政府集中采购。学校实施"十会治校"策略，构建了民主参与、多元共治的现代学校治理体系。

教师去编制化以后，我们拥有了更大的用人权，可以突破政府对公办学校在编教师招聘时"岗位目录"的限制，按照学校的用人标准，自主聘任教师，用人范围更广。目前，我校教师队伍里，有来自社会各界的精英，还聘请了大批优秀的家长来学校担任客座教师，形成了一支充满活力的多元化、高素质的教师团队。这支由跨界精英组成的多元化教师团队本身就是非常好的教育资源，他们有丰富的人生阅历，他们的加盟也把生活带进了学校。

此外，学校还建立了岗位聘任制度、薪酬激励制度、职称评审制度、绩效考核制度、阶梯培养制度，薪酬制度体现多劳多得、优绩优酬，更具激励性。新型的人事制度打破了大锅饭、铁饭碗、终身制的制度，同时可以有效应对国家两孩三孩政策、"双减"、新高考选课走班、小班化等，给学校用人带来了很大影响，可以及时调整教师人数，人事制度较之计划体制的编制管理更具弹性和应变性。

此外，企业全球领先的管理经验、制度、技术以及人力的支持也源源不断地注入学校，企业大批优秀的HR、财务、工程师团队经常到学校来，明德的老师也会去企业总部参加培训。这种政企融通、校企协同的跨界合作犹如学校的转基因工程，使学校的管理、制度、文化都发生了巨大的变化，办学成效迅速显现。

问：普通公办、民办学校的办学经费来源比较单一，公办学校由政府全额拨款，民办学校由企业出资办学。明德办学经费来源于哪里？这种经费模式有什么不同的功效？

答：明德是一所公办学校，因此经费由政府全额拨付。同时，除了财政拨款以外，又有社会资源的引入。每年基金会都会向学校提供基金资助。这些财政资金以外的增量资金在学校的改革发展中也发挥了很大作用。一方面，让教师薪酬较公办学校有更强的竞争力；另一方面，有效解决了公办学校大班额问题、女教师产假顶岗问题、新高考选课走班部分学科教师结构失衡等问题，同时有力支持了学校创新实验室建设、课程改革等，对学校打造办学特色发挥了巨大作用。

问：不久前，深圳明德实验学校（集团）成立，受到社会各界高度关注。明德教育集团新加盟的成员校会采用什么样的体制机制和管理模式？

答：所有新加入明德教育集团的成员学校都会和现有的学校保持一致性，包括办学理念、体制机制、课程体系、队伍建设和学校文化等。新的成员学校都是新建学校，有利于从一开始就打造原汁原味的"明德模式"。

二、在世界坐标中建设中国学校新样态

问：您掌舵明德后，提出学校的愿景是"在世界的坐标内打造中国学校的新样态"，这是一个新颖的提法，与朱永新等教育专家所提倡的"未来学校"一致。明德在这方面有哪些具体探索？

答：我们对深圳明德实验学校（集团）的定位不只是一所区域优质学校，我们确立的教育愿景是"在世界的坐标中建设中国学校的新样态"。根据这一愿景，我们确立了"建设自由开放的未来学校，培养引领时代的创新人才"的教育使命。成立教育集团后，我们将有更多的资源、更大的力量去做这个探索，也能够在更大的范围内发挥辐射、带动作用。

当前，我们正处在一个巨变的时代。互联网、大数据、区块链、云计算、虚拟现实技术、人工智能等也正处在一个风口，对社会各行业包括对传统教育带来了巨大冲击。正如英国作家查尔斯·狄更斯在他的文学巨著《双城记》中所说：这是最好的年代，这是最坏的年代；这是希望之春，这是失望之冬；人们正踏上天堂之路，人们正走向地狱之门。在这样一个充满着巨变性、不确定性、模糊性、复杂性的VUCA时代，社会各组织系统都在寻找有效的抗风险途径。学校置身于这场大变革的前夜，也亟须向外突围，重构学校教育新生态。

深圳明德实验学校作为一所全球互联网领军企业参与举办的学校，我们根据互联网、区块链"万物互联、跨界融合、去中心化"等思想内核，设计出学校未来的画像是："无围墙学校、无时限学习、无边界课程、无校籍老师、无学籍学生。"为此，我们确立的办学理念是"打开边界，融通未

来"，采取的行动方略是：打开体制的边界，融通公办与民办；打开校园的边界，融通政府与企业；打开课程的边界，融通知识与素养；打开学习的边界，融通线上与线下；打开师生的边界，融通校内与校外。以此创建一个"网络即校园，窗外即课堂，世界即教材，能者即教师"的学校教育新样态，推动学校实现结构性的变革。

目前我们建立了智能校务、智能采购、智能教务、智能学习、智能沟通五大智能化移动管理平台，引入100多个智能化管理即教育教学小程序，建立了一个数字孪生校园。同时，利用物联网技术，将集团各校区所有教室的灯光电器开关时间进行了个性化设定，在所有办公室、公共场馆、饭堂安装了人脸识别门禁和消费系统，构建了一个全时空自动化管控校园，使学校管理变得更加高效和便捷。

目前我们还在探索双师课堂、远程课堂，要通过互联网进一步推倒学校围墙，将学校教育的触角通过互联网向校园围墙以外扩大延展范围。

问：这种教学方式对老师们来说是否也是一大挑战？

答：线上教学是一种可以固化的教学成果，虽然时间不是很长，但如何将知识脉络梳理清楚、高度凝练，讲解上还要环环相扣、高潮迭起，这对教师提出了更高的要求。我校很多老师在B站上有几万甚至几百万的粉丝，被称为网红老师。但他们7分钟的微课往往要准备几个小时。老师们在录制微课的过程中，对教材的把握、对学生的把握、语言表达能力、教学设计能力及个人形象和气质等都有了巨大的提升。

线上教学虽然很重要，但我们也反对过分夸大线上教学的作用，否认线下教学和学校教育的极端观点，反对"学校消亡论"。我们认为，实体学校在教育中具有不可替代的作用，校园文化、朋辈交往、师生关系等在学生成长中具有重要作用。虚拟学校只是实体学校的有益补充，可以有效解决实体学校的时空局限性，将学校教育的功效延伸到放学后、节假日等学生不在学校的时间。我们既反对过分夸大虚拟学校的作用，实体学校必将消亡的观点；也反对抗拒变革，排斥虚拟学校和线上教学的言行。我们致力建设的是一个实体学校和虚拟学校相互交融、互为补充的未来教育新生态。

问：在未来学校的建设中，课程和教材会发生什么样的变化？

答：一个图钉呈T形结构，有两个关键要素，即一个垂直的线和一个水平的面，其功能的发挥这两个要素缺一不可。我们认为，未来社会需要的就是这种T形人才，既需要垂直的学科专业能力，也需要水平的跨学科综合解决问题的能力。

基于此，我们既注重基础学科及其学科拓展课程的建设，也注重跨学科融合课程的开发及建设。深圳是高新技术产业密集的城市，我们积极引进深圳头部企业来校共建各类创新实验室。目前，我们建设了五大主题的开放式学习空间：智能制造空间、自然生态空间、互联网创新空间、艺术创意空间、人文阅读空间。

航空航天实验室

汽车工程实验室

数字制造实验室

仿生机械实验室

生物基因实验室

河道治理实验室

人工智能实验室

大数据实验室

虚拟现实技术实验室

5G技术实验室

智能物联实验室

服装设计实验室

工业设计实验室　　　　　　　　　　　　动漫设计实验室

依托这些创新实验室，我们开发了飞机驾驶、机甲大师、机械臂、未来设计、固定翼飞机、F1在学校、激光雕刻、3D打印、数控机床、光固化打印、海绵城市、河道治理、污水处理、湿地研究、垂直绿化、全球航运、近海养殖、咸水入侵、海上石油开发、无土栽培、扫描电镜观察、基因组学等跨学科融合课程。同时，我们与企业共同建立与学校创新实验室相融通的校外实践基地，让学生在"双减"之后走进社会、走进自然，到世界这本"大书"里学习、探究和实践，让世界变成学生的全部教材，而不是把教材当作学生的全部世界。

问：集团里有小学、初中和高中，必然要面临中考、高考的压力。如何处理教育改革和应试的问题？

答：我们的教育改革坚持在学业质量和综合素养之间取得平衡，在政府和企业之间取得平衡，在标准化教育和个性化发展之间取得平衡。

因此，我校按照"1+N"结构重构课程体系。"1"是国家要求的基础学科，"N"是学校开设的拓展课程、特需课程、活动课程、实践课程、跨学科融合课程。目前全校共开发了400多门拓展课程和特需课程，居全国领先水平。但我们坚持"N"一定要围绕着"1"，要聚焦国家基础学科的核心素养，偏离度太大的拓展课程我们都做了精简，以此平衡学业成绩和学生综合素养的关系，确保学校的课程既是丰富多元的，又是高度聚焦的。

三、教师是激发出来的，不是管出来的

问：您曾获评广东省专家型校长、深圳市名校长、深圳市十佳校长，也是深圳先行示范区专家、深圳市政府督学。您觉得怎样的校长才算好校长？

答：我觉得一个好校长应该成为一个成就他人、成就师生的人。校长不要总想着自己成为火把，而要成为点燃火把的那个人；不要总想着自己成为英雄，而应该让每个师生成为英雄；不要总把自己当成巨人，而要成为唤醒巨人的人。

问：那在您眼中，什么样的老师才是好老师？

答：我认为，一位好老师要兼具活力、实力和魅力。活力是指奋发的工作状态，蓬勃的青春朝气；实力是指扎实的专业功底，一流的学术水平；魅力是指高雅的精神气质，高尚的人格风范。这样的老师，既是一位教学能手，也是一位课程专家，更是学生益友。

问：现在深圳基础教育大规模扩容，教师队伍建设将直接影响区域教育质量。对此您有何建议？

答：我认为，教师是激发出来的，不是管出来的。怎么激发？我们认为，能用体制的力量就不用管理，能用制度的力量就不用管理，能用文化的力量就不用管理，能用技术的力量就不用管理。我们在工作中，有效运用学校变革五板斧，打造了一个焕然一新的教师新团队。即砍掉编制，用体制的力量激发教师；砍掉权力，用结构的力量推动教师；砍掉人情，用制度的力量牵引教师；砍掉低效，用技术的力量赋能教师；砍掉平庸，用文化的力量感召教师。这是我们探寻的管理之道，也是我们努力追求的管理境界。正如中国武术的最高境界是无招胜有招，管理的最高境界则是大象无形、大音希声、大爱无言、大道无痕。

（发表于"名师说"微信公众号）

脱离生活的教育不是真正的教育

文/"名师说"记者　庄树雄

有教育专家指出，当前教育最大的弊病就是"用昨天的方式传授昨天的知识"。随着教育改革创新的不断深入，打造面向未来的教育体系和模式，已成为共识。那么，面向未来的教育应是怎样的教育？面向未来的学校又是怎样的学校？

富有丰富教育教学和行政管理经验的原深圳市教育局组织人事处处长鲁江，出任深圳第二实验学校（简称"二实"）校长后，与学校领导班子共同研定"建设面向未来的新型学校，培养引领时代的杰出公民"这一发展目标，年轻的二实迎来了新一轮发展的重大契机。

近日，就创新人才培养、未来学校建设与管理、新高考与学生综合素养提升、学校德育建设、特色发展以及智能化等诸多话题，二实校长鲁江进行了深入阐述。

教育社会化　让学生拥抱社会

Q：从国家中长期教育改革和发展规划纲要，到近两年稳步推进的中高考制度改革，中国教育改革发展的导向是明晰的。对于一所中学，我们的育人理念和育人模式应如何更新才能跟上时代的发展？

A：我们这所学校虽然不大，但是"山不在高，有仙则名"。国内外名校规模大都不大。我们要办一所精致、有内涵、有品位、面向未来的新型学校。所以我们确定了两大目标：建设面向未来的新型学校，培养引领时代的杰出公民。这两点比较符合教育的本质，也比较符合我们目前的校情。

Q：建设面向未来的新型学校，二实有什么具体的策略？

A：现在的教育和未来教育有什么不同？我们认为未来的教育应该是开放的，所以我们第一提出社会化策略。

现在很多学校都是"围城造校"，学生都是在象牙塔内，跟社会是隔绝的。中国近现代著名教育家董渭川明确指出当时中国教育的一个重大问题就是"教育脱离社会需要，学生毕业即失业"。其实这个现象到现在都没有根本改变，学生在学校学的，走出社会就没有用，就业率是比较低的。

社会已经发生巨变，但我们的教育方式没有变，学生眼里只有教科书、只有考试。老师眼里也只有教科书、只有分数。

所以我们要打开校门，推倒"心墙"，让学生走出去，改变教育的孤立局面。我们的教育要跟政治、文化、经济、军事、科学紧密联系，让学生主动拥抱世界，倾听世界，这样才符合我们培养人的目标。

深圳处于东西方的交汇处，在这个特殊的位置，各种大众传媒对学生的影响是很大的。我们教育界经常说："5+2=0。"五天的教育如果跟社会脱节，学生走出学校，禁不住两天外界文化的影响，教育效果等于零。

所以我们要将教育与外界紧密相连，立足于社会来改变这个状况。我们对学生的社会实践活动进行了顶层设计和系统开发，开发了3R社会实践课程。

我们统计过，一年365天中，双休日、节假日、寒暑假、小长假等共有160多天，占全年超过1/3的时间。也就是说学生在学校的时间不到一年的2/3。另外1/3的时间如果在教育上全是空白，那教学质量会再打折扣。

近年来教育部门一直倡导减轻学生负担，事实上，学生在学校的负担减轻了，但节假日的负担并没有减轻，甚至负担更重了。学校有责任把学生从培训班拉回来，要把教育和社会连接起来，对课程做系统的开发。

我们对寒暑假、小长假、双休日进行社会实践课程的系统开发，建立了3R社会实践课程体系，即责任（Responsibility）、尊重（Respect）、准备成功（Ready to Success）。这个课程体系是有内在逻辑的，经过系统实践训练，激发、培养学生的社会责任感和实践能力，让他们成为被社会尊重的人，为今后的成功打下坚实的基础。

按照这个计划，我们开启了大型职业生涯寻访活动。去年的国庆节，我们要求学生根据自己的职业规划，对相应的成功人士进行走访，并进行生涯规划设计大赛。赛事非常精彩。我记得冠军是一个想要当医生的学生。他走访了多位医学专家，对自己的未来职业生涯做了规划。

今年的寒假，我们让学生去为"两会"做提案。学生自发去关注社会层面的热点问题，到现场的人大代表、政协委员都很受触动。交通规划研究院的院长现场表态，愿意和学生一起完善相关提案，然后正式向政协提出。

通过这些活动，我们发现学生的视角和成人的视角是不一样的。给学生一个舞台，一片天地，他们是可以创造精彩的。我们这些教育者在现场都很兴奋，感受到教育职业的幸福感。

最近我们还搞了一个"未来商业领袖"挑战赛。学生们以小组为单位，走进企业、走进家庭。最后的比赛冠军是为一个老字号陶瓷企业做升级方案。他们为企业诊断，提出各种解决方法。有的学生为不同阶层的家庭想出各种理财方案。我们还请来了银行、企业的高管把关，他们表示学生的想法虽然稚嫩，但这种专业素养和参与意识让他们很震撼。

传统的德育活动过于"高大全"，没有拉近和学生的距离。我校组织的社会实践活动比较接近学生生活，受到学生和家长的欢迎，受到社会各界包括媒体的一致好评，对学生的终生发展意义重大。

脱离生活的教育就是教育暴力

Q：接近学生生活的教育，就是要跟社会联结，跟生活息息相关？

A：是的。所以我们第二个办学策略就是生活化。我们提出的教学理念是贴近生活。

照本宣科，就原理讲原理、就公式讲公式的教育脱离生活，如同海鲜干货没有经过泡发硬塞到学生的嘴里，让人无法下咽。所以我说，脱离生活的教育就是一种教育暴力。

我们的所有学科都能在生活中找到丰富的教育教学资源。如果离开生活，学科知识枯燥乏味，学生学习的积极性没法调动起来。

我去听老师讲课，历史老师讲改革，把商鞅变法、戊戌变法、明治维新和现在的改革开放联系起来，博古通今，学生就特别爱听。化学老师把雾霾、食品安全等问题引入教学，化学知识就变得生动起来。

所以我们引导老师们的教学要贴近生活，从生活中寻找素材。我们的考试题也绝不会直接问原理和公式，我们的题目都来自生活，以生活素材作为支撑。现在高考也是这个方向。

近年来国内出现了许多教学模式，其实这些模式大都是"术"，不是"道"。回归生活、贴近生活才是教育的根本。

第三个就是个性化策略。现在的教育是标准化的。全国成千上万的学生都用的是相同的教材，参加的是相同的标准化考试，学生的培养方向是单一的。

但实际上人是千差万别的，所以未来的教育一定是个性化的，促进各类学生选择最优的成才路径是教学的关键。因此二实在现有的考试制度下成立了五大书院，寻找到了五条成才的渠道。

其实，现在的高考已经有多条通道，除文理科常规高考外，还有体育单考单招、艺术高考，还有20多项可以参加高校自主招生的选择，近年来许多高校有631模式、三位一体模式等，学生成才的道路是多元的，仅靠高考成绩考取理想大学难度是很大的。

今后高考改革也更加重视学生的选择性。每年广东地区靠高考裸分考入北大、清华的也就不到十分之一。大量学生都是靠科技特长、学科优势进入名校的，因此，提供丰富的个性化的成才途径非常重要。

教育可以化腐朽为神奇。学生这条路走不通，我们可以挖掘他的其他潜能。企业界有一句话"没有垃圾，只有放错的资源"。人才培养更是这样，没有学生是差生，也没有学生是十全十美的。

他在这方面不行，另一个方面未必不行。教育要唤醒学生心中沉睡的巨人，让他们成长起来。

教育不变革　可能会被取代

Q：学校其他的办学策略是什么？

A：第四个是智能化策略。二实是教育部信息化试点学校，我们致力于打造一所智能化学校，将信息化与管理和教育教学深度融合。

举个例子：学校有400多个老师，每天有各种申请事务，一层层报上去，老师平时又要上课，一旦哪个环节卡壳了，就办不下去了。

我们恢复了网上办公系统，还开发了移动办公平台，现在校内办公效率非常高，一件事半天即可办结，既方便了老师，也维护了老师们的尊严，他们不用楼上楼下跑，不需要排长队找领导签字了。

还有我们最近在开发的学生网上作业系统，提高了学习效率，也减轻了老师负担，把老师解放出来了。

我认为信息化非常重要。

我校是市教育局确定的全市直属学校唯一的教育云试点学校，我们要好好利用这个云平台，做出实效。

第五大策略就是国际化。南海书院就是培养国际化人才。我们跟世界上各大洲的学校建立联系，互访互动，建立留学生基地，效果非常好。

课堂是提升学生综合素养的主阵地

Q：您提到的这五大办学策略，在新高考背景下如何落实？比如课程的设置和实施方式会不会有相应地变化？

A：我们认为对于拔尖人才，过多的应考复习不利于他们成才。我们在碧波书院和翠竹书院开展"2+2+2"初高中一体化课程实验，除学习初高中国家课程外，还学习自主招生课程、专利发明课程、STEAM课程、国学课程……我们力图通过这样的实验，最大限度地激发学生的潜能，促进学生的最优成长。

Q：您如何看高考应试和素质教育的关系？

A：我认为，高考和素质教育不对立、不矛盾。高考经过多年改革，已经发生了巨大的变化。没有较高的学科素养、开阔的视野、批判性思维、创新精神、实践能力，想在高考取得高分，想进入名校是很难的。

所以我们提出，学科教学是提升学生综合素养的主渠道。我们坚持学科教学既要抓学生高考成绩，也要抓学生综合素养的提升。离开课堂教学主阵地去搞素质教育，是走不远的。

所以我们坚持把素质教育和高考两方面统筹起来。书院课程就是要既提升学生的综合素养，也提升学生的学业成绩。

全面发展，多元共治，让师生喜欢学校

Q：在很多人的眼中，二实是非常有特色的一所学校。学校会强化这些特色吗？

A：我们这个学校办得十分有特色。但是我认为不能过分地把特色拔得太

高。如果你过于偏重某一特色，会削弱其他特色的发展。

如果一所学校只关注科学特色发展，那人文、体育、艺术特色怎么兼顾呢？我们不能为特色而特色。我记得成都名校长李镇西说过："办一所没有特色的学校。"这个观点很到位。我们鼓励学生多方面发展，特色不是我们最终极的目标。

在教学模式方面也是如此。全国著名语文特级教师于漪的教学堪称一绝。但有人问她的教学模式是什么的时候，她说："我没有教学模式。"当大多数人都在创立所谓的教学模式之际，于漪老师却说自己是没有模式的。

教学是科学，所以有规范，有规范就可以有模式；但教学也是艺术，所以有变化，有变化就没有刻板的模式。于漪老师的"没有模式"恰恰说到了教学艺术的本质特征。

我校致力于学生的全面发展，不为特色而特色。体育、艺术、科技、人文全面发展，全面开花，适合每个学生的发展。

Q：您刚才提到书院里学生的自主管理，这是否也是学校德育的一个探索？

A：当前的学校德育有很多值得反思的地方。树木的成长都不是轰轰烈烈的，都是静悄悄的。德育也是这样。我们提出来的德育理念就是润物无声，渗透式的德育更持久、更有效。灌输式的德育短期可能见效，但长期还是无效甚至负效的。

我们坚持开展学生自主管理，让学生参与校务管理。比如初中部的学生饭堂，原来靠学生家长维持秩序，每天来十几个家长。后来我们说服家长，让家长放心，相信学生能管好自己。

现在，两部饭堂就餐秩序非常好，学生每天执勤，效果很好。我们的晚自习也是学生自己管，老师不用管纪律。全校几千人，晚自习的时候静悄悄的。考试也是这样。我们的无人监考考试室申报在不断增加，学生自己监督自己。

我们的运动会，几十名裁判全部由学生担任。我们还把三个学生自治组织推到前台，处理学生事务，学校提供制度和机制方面的支持。

我认为，学生是在体验中成长，德育是在情景中渗透的。比如说责任感，学生们为企业提供优化方案、为家庭提供理财方案的时候，社会责任感油然而生，比一万个说教都来得真实。

我们坚持在情景中渗透，开展美丽校园改造计划，让校园变得生动起来，更亲近学生，把学校变成博物馆，把校道变成星光大道，把图书馆变成书吧。

现在，学校的面貌正在发生巨大变化。学校是培养人的地方，要有人文气息，要把学生的地位凸显出来，让他们喜欢学校。

Q：一所面向未来的新型学校，在管理上也应该有所创新。二实是怎么做的？

A：关于改进学校管理，我们坚持现代学校制度建设，建立多元共治、民主参与的现代学校管理体制。

我们的做法是"十会治校"，学校每一项重大措施的出台都是各方面充分论证的结果，不是校长一人说了算。

比如教师招聘，不是校长想调谁就调谁，要经过招聘委员会、学科组共同协商，他们的考核意见是非常重要的依据。老师说不行，校长说行，也不行。

我们有职称评审委员会。老师评职称，校长说了不算，教师组成的评审委员会说了算。

此外，我们的招生有招生委员会，采购有招标委员会，食堂管理有膳食委员会，等等。我们将坚持民主治校，建立多元共治、民主参与的现代学校管理体系。

（发表于"名师说"微信公众号）

办一所面向未来的新型学校

文/《南方教育时报》记者　武堂明　田丽

他的学校虽然不大，但从这里走出多位深圳名校校长，在他眼中，教育的格局无关学校的规模，现在的他，正着眼于"突破围墙"、走进社会、贴近生活的大教育视野。

他直面应试教育与素质教育的争论，在深圳率先推出了书院制办学模式，为高考升学找到了素质的支撑。

他积极推进智能化校园建设，着力引进新技术，改善学校管理，提升行政效能，时刻提醒老师们勇于变革，推动信息技术与学校管理及教育教学的深度融合。

贴近生活才是教育的根本

南方教育时报：深圳市第二实验学校（以下简称"二实"）在近些年发展非常迅速，从这里走出了很多深圳名校校长。作为一所在深圳并不算大的学校，但是它却显然有大校格局，您来二实当校长后，对这所学校如何定义？

鲁江：在深圳，二实虽然不大，但"山不在高，有仙则名"。国内外一流的学校，也并非规模最大的学校。我们对学校发展的定位与集团化办学不同，我们致力于"小而精"的书院建设，使学校成为一所精致、有内涵、有品位，具有较高智能化和国际化水平的学校。我们把办学目标定位为"建设面向未来的新型学校，培养引领时代的杰出公民"。这个定位是基于现在学校教育存在的问题提出的。如针对当前学校教育与社会脱节的问题，我们提出社会化办学策略；针对教育教学脱离生活的问题，我们提出生活化办学策略；针对当前标准化教学存在的问题，我们提出个性化办学策略；针对信息化的时代背景及学校管理效率不高的现状，我们提出智能化办学策略；针对全球化的时代背景，我们提出国际化办学策略。我们认为，社会化、生活化、个性化、智能化、国际化是"面向未来的新型学校"应具备的特质。

20世纪初，我国著名教育家董渭川就提出，当时教育的最大问题是"脱离社会需要，学生毕业即失业"。一百年过去了，这一现象还没有得到根本的改变。突出表现为"围城造校"，一道围墙，把学校与社会割裂开来。我们提出"社会化"的理念，核心就是推倒"围墙"，打开校门，让学生走出去，和社会紧密联系，拥抱时代，拥抱世界，将"教材是学生的全部世界"变为"将世界作为学生的全部教材"。

为此，我们对学生社会实践活动进行了顶层设计和系统开发，利用寒暑假和节假日，以"责任（Responsibility）、尊重（Respect）、准备成功（Ready to Success）"为主题，开发了"3R社会实践课程体系"。比如在今年的地方两会召开前，我们让学生走进街头巷尾，关注社会热点，筹备学生提案；再如我们去年开展了职业生涯寻访活动，前不久又举办了首届"未来商业领袖挑战赛"，同学们的表现都非常精彩。学生的视角和成人的视角完全不一样，只要给他们一个舞台，他们就会还给你一个奇迹，让我们教育人感受到职业幸福。

"贴近生活"是二实目前教学理念的核心。以往，许多教师习惯了照本宣科，脱离生活，用灌输式方法要求学生死记硬背。这种教学如同将不经泡发、加工和烹饪的海鲜干货，直接塞入学生口中——我认为这就是一种教育暴力。德育工作中，学生去敬老院献完爱心，回家却对爷爷奶奶横挑鼻子竖挑眼，这是典型的"两面人"表现，是德育脱离生活的写照。

我们引导老师将教学贴近生活，从学生的生活中挖掘教学资源。比如化学课可以聚焦地沟油、雾霾等社会热点；地理课可以联系"产业转移""一带一路""逆全球化"等国内外热点；政治课让学生为两会写提案，增强民主体验；让学生参加商业金融挑战赛，感知经济跳动的脉搏……现在二实的教学基本都是从生活中找素材，不只是背原理、记公式。实际上，近年来高考命题走向也是如此。

近年来国内出现了许多教学模式，其实这些模式大都是"术"，不是"道"。回归生活、贴近生活才是教育的根本。

追求办学特色要防止教育窄化

南方教育时报：当下，"特色"是备受学校钟爱的词汇，特色项目是各个学校总结成绩和对外宣传的重点。"特色"确实可以使一所学校在众多学校中让自己的个性被人关注，似乎这是成为名校的不二之路。作为二实的负责人，您如何思考让自己的学校脱颖而出？

鲁江：经过历届校领导和全体教师的努力，二实办得十分有特色。科技、体育特色在全国影响很大，人文、艺术等其他领域发展态势也很好，学校发展富有活力。

现在全国的大中小学甚至幼儿园，都在谈特色办学。这是好事，但对学校特色的理解和实践，总体上还比较模糊，将办学特色定位于一个领域、一个项目、一科课程，偏离了学校特色建设的本真。我认为，学校特色建设不能拘于一隅，更不能靠剑走偏锋，要将特色寓于课程体系整体构建和学生全面发展中。不少地方致力于"一校一品"工程，将之作为行动策略和阶段性任务未尝不可，但学校特色局限在"一品"，会使学校教育窄化，无法满足学生多样化、选择性需求，带来学生发展机会和权利的不平等。大多数学生参加相同的特色教育项目，带来的是"一品"的压迫功能，与特色办学的初衷背道而驰。要鼓励学生多元发展，特色不应是学校的终极追求目标。我校坚持鼓励学生多方面发展，科技、人文、艺术、体育等方面都要兼顾，注重挖掘每一位学生的潜能，促进每一位学生的最优成长。

课堂教学也是如此。教学是科学，所以有规范，有规范就可以有模式；但教学也是艺术，所以有变化，有变化就没有刻板的模式。

基于这些认识，我们建立了多条人才培养路径，鼓励学生多元发展，致力于促进学生的最优成长。我们成立了五大书院：碧波书院致力于培养具有科技创新潜质的拔尖创新人才；翠竹书院以学科竞赛和大学先修课程为主要平台，培养具有数理特长的优秀领军人才；梧桐书院着力培养具有卓越思想力、创新力、领导力的人文社科领域的拔尖创新人才；东湖书院以培养多才多艺、特长鲜明的艺术人才为目标；南海书院开设了英、德、俄、日等语言课程，深入推进欧美交换生计划，培养学生成为拥有"国际视野中国心"的世界公民。

各书院培养目标不同，课程设置不同，培养理念不同，成为学生实现理想的个性化发展通道。当前，素质教育和高考升学的联系非常密切，比如二实体育俱乐部的体育特长生，在篮球、足球、毽球等项目上屡获国内国际大奖——这一届高三学生还没有毕业，已经人人"名花有主"，都被相关大学录取了。

多元发展，各自精彩。经过多年探索积淀，二实在拔尖创新人才的培养上，已经形成相对成熟的"二实模式"。在2016年《中国自主招生百强中学排名榜》中，二实在8所深圳上榜学校中位列第3。与深圳众多名校相比，我们实现了学生的"低进高出"。荣登深圳自主招生榜的探花之位，这是创新人才的"二实路径"取得的丰硕成果，也是学校能够在"高手如林"的国内高中群体中脱颖而出的原因之一。这些都逐渐沉淀为学校的办学实力，赢得了众多学生、家长的认可。

教育的魅力是能够化腐朽为神奇，学生在这条路上走不通，可以寻求另一条路发展。企业界有一句话：没有垃圾，只有放错位置的资源。人才培养也是这样，我们要给学生选择和成长的机会，要唤醒沉睡的巨人，激发潜能的火山，爆发成长的动力。

素质教育是赢得高考的最优方式

南方教育时报：素质教育和高考升学，在社会上乃至教育界出现一定对立的、非此即彼的观点和情绪，给人们带来很多困惑。那么，提高学生成绩和最大限度保证升学率难道不是"可以理解"吗？高中阶段对应试教育的强化到底有没有问题？

鲁江：高考和素质教育为什么要对立起来呢？我认为，高考与素质教育不但不对立、不矛盾，反而是统一的。事实上，高考经过多年的改革，已经发生了巨大变化，高考内容已经从知识立意转向能力立意、素质立意，用死记硬背、题海战术等应试教育的方式去抓高考，是行不通的。没有较高的综合素养和开阔的视野，没有批判性思维、创新精神、实践能力，高考是考不出好成绩的，想考进名校更是非常困难。因此，抓高考必须立足素质教育，培养较高的综合素养，是在高考中取得好成绩的关键。

这一点，我们是做过专门研究的：每年广东地区靠高考成绩考入北大、清华的不到十分之一，大量学生都是靠科技特长、学科优势进入名校。南科大、港中大等越来越多的高校在推行"631"模式，高考分数在录取中只占60%的权重，一考定终身的局面已经开始改变。因此，我们在碧波书院和翠竹书院开展"2+2+2"初高中一体化课程实验，除学习初高中国家课程外，还学习大学先修课程、专利发明课程、STEAM课程、国学课程、商学与金融课程……不仅全面提升学生综合素养，也适应高考的新要求。

同时，我们坚持把学科教学当作提升学生综合素养的主渠道，课堂教学既要抓学生学业成绩，也要抓学生综合素养的提升。离开课堂教学主阵地去搞素质教育，把素质教育和高考搞成一对矛盾体，就是步入了教育的歧途。在二实，我们坚持把两方面统筹起来，课堂教学要以学科核心素养的培养为主，确保学业成绩的提升。我校高中录取分数线虽然不是全市最高的，但我们每年都会有一批学生考入北京大学、清华大学、中国科技大学等国内外一流名校，靠的就是学科教学中培养的学生综合素养。清华大学公布的全国高校自主招生成绩排行榜，我校名列全市第三位，证明了我们对高考和素质教育关系的把握是正确的，从而坚定了我们的信心。

再不变革，教育将被时代所淘汰

南方教育时报：您来到二实后，不仅在教育教学上提出了新举措，在学校管理方面也有不少创新之举，比如大力推进信息化建设，为什么您将这些方面作为学校变革的新抓手？它会给学校带来什么变化？

鲁江：这方面的工作是形势所迫。现在，各行业都受到信息化的挑战，教育也是如此。

我认为，在信息时代，面向未来的新型学校，一定要在学校管理"智能化"方面有所突破。我到二实后，发现还存在大量纸质文件，教师开会要值班人员点名，很多老师身上带着一大串钥匙，教师为了一份报告要跑上跑下，盖章签字，经常在校领导办公室排长队，行政效率不高，对教师也不够尊重。于是，我们加紧开发网上办公和移动办公平台，让老师们可以轻松快捷提交报告，过去需要几天才能走完程序的事项，现在半天即可办结；还引入了智能考勤系统，与老师的手机绑定，进入会场就自动考勤。我们还开发了学生作业信息化平台，不仅提升了学习效率，还减轻了教师的工作量。我们建成了智能化能源控制系统，全校教室及办公室空调实现了智能化控制，解决了长期困扰学校的空调管理的难题。二实是市教育局确定的市直属学校唯一的教育云试点学校，我们将借助这一平台，不断促进信息技术与学校管理及教育教学的深度融合，以应对未来挑战。

（发表于《南方教育时报》）

校长应该成为点燃火把的人

文/《南方周末》记者　阿苏

很多年轻人还会回忆起那个秋日夜晚。所有高三学生还在上自习，一个男生——大家已经忘记了他的姓名，却记得他从外面跑回教室时，一脸惊恐，用极其夸张的语调，宣告一个足以让大家坐立不安的消息：一所市属高中姓鲁的校长，要来执掌明德了！

忐忑不安的情绪弥漫在这个30人的班里。这些在老师们眼中活泼、善辩的孩子，都曾被一句叫作"明德正心，自由人格"的校训所吸引。

少年人心中，自由是最重要的。高一下学期，一位姓陈的同学跑到办公室与老师激辩："自由应该是无拘无束的，是可以选择不做什么。"高三之前，每周三下午，学生们称为"自由课"，学校没有安排任何课程，大家想干什么就干什么，一些喜欢冒险的学生，会溜出香蜜湖的校园，到深圳最繁华的CBD吃炸鸡。

眼下，"自由"看起来要消失了。一位来自公立高中的校长，怎么会懂甜蜜的、亮闪闪的自由呢？学生们检索这位鲁姓校长的简历，他做过大学老师，在教育局当过处长，执掌过的几所学校都把高考重本率翻了一番。

这么懂考试的校长，怎么会懂自由呢？

深圳明德实验学校（以下简称"明德"）2019届的高三学生们还记得，

即便他们现在已经被大学课业、实习压得喘不过气时，都还记得。三年前，他们在不安中等待了一周，直到2018年9月10日，新校长终于登场，那是一个有着国字脸，异常严肃，有一双山鹰般锐利双眼的中年男人。

一、有生命力的学校

2018年，50岁的鲁江拥有光鲜的履历。有人曾认为，起码在仕途上，鲁江能走得一帆风顺。但构成这个男人内核的，却是一种关于教育的浪漫理想。

20世纪80年代末，当摇滚乐席卷中国大地时，还在北京读中国青年政治学院的他，写了一篇论文《摇滚乐浪潮与现代青年人格》发表在《中国青年研究》杂志。文中就摇滚乐对现代青年人格中叛逆、自由、独立等方面的影响和塑造进行了深入剖析。他困惑于在"读书无用"和各种复杂的环境中，青年人该往何方去。而摇滚，则成为一种"青年与社会的平衡机制"。担任明德校长后不久，鲁江便加入学生的乐团，在音乐会上演奏起黑管。

不过，对于2018年的鲁江而言，音乐或仕途上的上升，似乎已经不是一个中年人应该追求的东西了。

2018年春日的一天，在收到明德的邀请后，鲁江拨通了鲍旭亮的电话，两人曾是市第二高级中学的同事，后者已在明德工作了一年。现任明德校长助理的鲍旭亮记得电话里的鲁江，想了解"明德到底具备怎样的可能性"。

早在深圳市教育局管人事时，鲁江就知道明德。

2013年，福田区政府和某互联网企业组织的公益慈善基金会合作，共同创办了明德实验学校。创设之初，明德采用"公立学校、委托管理"的办学模式，由政企双方联合成立教育基金会作为学校的委托管理方，办学资金由政府全额拨款，基金会每年向学校定向捐赠。

学校不设行政级别，校长由董事会提名，教育局聘任；教师去编制化，取而代之的是现代企业的契约管理，利用政府拨付的经费和自筹资金，实行自主绩效工资福利体系和薪酬标准；管理去中心化，董事会由政府、企业、社会、教师代表、家长代表等共同组成。

这种体制极有深圳特色。很长一段时间以来，"明德模式"都是深圳探索中小学管理体制机制创新最具标志意义的改革项目。

来明德之前，鲁江在深圳市教育局组织人事处处长的职位上，推动了全市教师职称聘任制度改革，到市第二实验学校担任校长后，又解决了职称评定问题。他尝试给年轻教师更多机会，同时照顾老教师的情绪，放宽了对50岁以上老师晋升时担任班主任年限和周课时量的要求。

鲁江认为，明德模式，或许能让一些东西变得柔软。"在深圳，中国特色社会主义先行示范区，我们要办的学校就注定不是某些国内传统名校的翻版，也不是某种完全西式的学校，而是兼顾中西，有生命力的学校。"

二、不做第一，只做唯一

明德和此前鲁江执掌过的学校不太一样。鲁江觉得，这正是它吸引人的地方。

自主招聘让学校留住了一些特别的老师。高中部物理教师林毅，毕业于北京大学元培学院，曾是2010年江西省高考第二名。但他执拗地不教授本专业化学，只想上物理课，曾长期担任某培训机构的物理金牌讲师。受制于专业目录的要求，他甚至没有资格报考传统公立学校教职。

利用教师去编制化管理后带来的招聘自主权，学校组成教师招聘委员会，突破了在编教师专业目录的限制，广开校门。

于是，明德的教师队伍中有了这样一张"另类"名单：中国银行深圳分行营业部经理吴承云、中国移动4G网络工程师陈梦源、南方航空公司空姐范玉琴、华侨城国家湿地公园科学老师陈银洁、深圳市外事办公务员陈雪菲、香港足球队元洋……他们怀抱着对教育的一腔热忱，在考取了教师资格证后纷纷加入明德。

鲁江到任后，充分利用明德独特的用人体制，逐步建立岗位聘任制、绩效考核制、薪酬激励制、职称评审制、阶梯培养制去激发教师队伍的活力。

"优秀企业能留住人，是塑造了一个人文关怀的工作环境。"于是，鲁江设计的薪酬计划中，给休产假的女老师发放全校平均水平的考核奖，针对寒暑假没有课时费的问题，基金会设立教师寒暑假教育教研津贴，对教师家访、辅导、备课及防疫等工作给予补贴。同时，鲁江把企业绩效管理制度引入学校，将老师的课时量、课程开发、课题研究、社团指导、承担的导师工作等列入考核内容，与老师的收入直接挂钩，有效破解了教师的职业倦怠问题，极大地激发了教师的活力。

在2020届高三毕业生陈××同学的记忆中，这样做的结果是，"周末给老师发信息，说某道题不会做，老师马上回电话，讲到你懂为止"。

现在的明德，一大批从英国利物浦大学、中国香港中文大学及北京大学、复旦大学、浙江大学等国内外知名高校毕业的优秀毕业生们，源源不断地涌入。学校一系列制度支持，给老师们带来了安全感、归属感和职业尊严，所以，老师们的工作状态特别好，上课和课程开发的积极性很高——超过一半的老师每周课时量达到二三十节，全校老师开发的拓展课程达到400多门，录制微课7000多节，这一数量居全国领先水平。有时，校领导们不得不开会研究老师课时量标准，限制老师们每周的最长课时。

此时，鲁江提出，做第一不应成为一个人的全部追求，但希望每一位学生都成为唯一。"校长应该成为一个点火者，要让每一个火把都熊熊燃烧起来。"

高中英语老师王惠珍曾经历过一场冲突。周末下午学生返校时，学校要求必须把手机交老师统一保管，但遭到一位男生的拒绝，这个男生怎么也不愿意交手机，并当着全班同学的面摔门而去。王慧珍老师追了上去，并没有责怪他，而是和他坐在球场边交谈。交谈中，王慧珍老师得知最近男孩父母之间发生了较大矛盾，让他非常苦闷，经常在手机里寻找乐趣，逃避家庭矛盾。王慧珍老师耐心细致地开导他、鼓励他，并循循善诱地和他分析学校对于手机管理的原因，男孩非常羞愧。从那之后，男生再也没反对过王慧珍老师。

但是，没有哪个事情比得上王丙申老师经历的。几乎所有老师都记得，那是一个早晨，一位常年让任课老师苦恼的调皮学生，在床上不起来了。王丙申听老师说后，来到宿舍，问学生哪里不舒服。学生说，就是不舒服。王丙申老师又问，能不能上课。学生回答，除非你背我去。

身形瘦小的王丙申老师，真的把学生背进了教室。

在明德，很多老师的教育方式，都曾被学生视为某种非自由的象征而"百试不爽"。包括王丙申老师在内的老师们发现，在这样的情况下，最好的教育是陪伴、尊重和影响。

"要让学生意识到，老师和学生并非对立关系，只有陪伴，细细了解每一个学生的情况，才能让学生更好地成长。"事实上，这样的想法基本是老师们的集体共识，但教育学的发展说明，能让这个想法落地的，是小班制和导师制。在明德，差不多每十个学生，就有一位导师。

三、把世界当教材

有老师评价鲁江，是一个有目的导向的领导。他的构想是，允许老师们探索一些新的东西，"但这个探索不是漫无目的的，必须围绕课程标准和学科核心素养"。

三十多年的教育实践中，鲁江喜欢的是基础之上的拓展，知识之上的创新，规则之上的自由。

鲁江待过的几个学校，重本率都实现了跃升。深圳的家长会担心孩子被应试弄得浑浑噩噩，曾有家长到学校问鲁江："鲁校长，你以前是公立学校出来的，现在是不是要在明德搞应试了？"

听到这样的疑问，鲁江总是笑而不语，他会把家长带到学校四季大厅的课程墙，从对学校"1+N"课程结构的介绍中，与家长交流自己的课程理念。

"1"是国家的基础学科课程，"N"是学校开发的拓展课程和特需课程。在此基础上，学校对课程体系进行了梳理、优化，增加了有利于培养学科核心素养的拓展课程和特需课程，同时也做了一些减法，把与学科核心素养偏离度较大的一些课程取消了，这样，既确保了学校课程是丰富、多元、高选择性的，同时又是聚焦的，靶向学科核心素养。

鲁江说："一个人在漫长的一生中，会遇到很多考试。上高中要考试，读大学要考试，报研究生、博士生要考试，做公务员要考试，做律师、会计、医生、教师要考试，去企事业单位工作要考试。考试本身没有错，错在有人把考试当作教育的唯一目标。"

从事教育工作近三十年，鲁江认为，考试制度已经从知识本位向素质本位、能力本位转型。换言之，没有开阔的视野、清晰的思维、创新的意识、动手的能力和较高的综合素养，要想在考试中取得好成绩也是不容易的。传统的加班加点、题海战术等应试教育的方式已经无法适应新的教育体制和考试制度的要求了。

"教育应该平衡好综合素养和学业成绩的关系。为什么不能是同一条道路呢？"鲁江坚定地认为，教育的核心应该是挖掘学生的潜能，激发出他们学习的内驱力，让学生喜欢学习和探索，在兴趣和好奇心的驱使下去自动、自发、自主地学习。学生在面对真实的世界时，会表现出极大的探索热情。

于是，鲁江提出："教材不是学生的全部世界，应该把世界当作学生的全部教材。"

在企业的帮助下，一批优秀的企业家、学者到校园演讲。同时，学校有组织地带着学生们去深圳本地的创新企业、高校及海外研学基地学习。在一次前往某香料厂参观学习中，学生们兴致勃勃地观看了几百种香精的生产过程和在生产生活中的广泛应用，还与企业工作人员一起试验，很多学生产生了浓厚兴趣，在回校后的课程选择中毫不犹豫地选学生物、化学。

作为福田政府举办的一所创新型学校，近年来，明德一直致力于引入全球领先的互联网技术，探索和实践人工智能技术在校园中全方位地运用，同时引入许多深圳头部企业，共建了航空航天、汽车工程、生物基因、海绵城市等8个创新实验室。

不仅如此，学校还在家长中招募客座教师，鲁江称其为"无校籍老师"。例如，企业家会来讲企业战略或市场营销，公务员来讲城市治理，基金公司首席经济学家来讲投资理财，法官、检察官或律师来讲法学概论或律师实务，医生来讲医学常识或紧急救护，游戏工程师来讲游戏编程……不仅如此，他们还会分享自己的成长之路、人生感悟。

家长们的加盟，把世界带进了校园，他们丰富的人生阅历和扎实的专业功底，极大地丰富了学校的课程，也是一门生动的人生规划课程。

创新和开放，是明德的底色。依照"生活即教育"的指引，鲁江进一步提出"打开边界，融通未来"的办学理念，致力于建设自由开放的未来学校，培养引领时代的创新人才。

陈××同学就这样被深深地改变了。

这个曾经极度自卑的女孩，心里涌出一种想去看世界的冲动。在接下来的高三，每个清晨五点半，她独自一人跑到自习室外，在深圳潮湿的空气中，用朗诵的音量，唱着北京大学校歌，试图击退睡意。在2019年参加某企业组织的一次粤港澳大湾区青年训练营时，她在"一群优秀的人"中，被推选为组长，那时，"仿佛世界上所有的光都打在了她身上"。

四、"唤醒"另一种可能

从明德毕业、考入中央财经大学后，陈××同学最怀念的，是过去每隔一段时间，就能去企业上拓展课的日子。

在学校与企业联合创立的未来书院里，有智能制造、创意编程、产品经理、学科竞赛等特需课程，很多课程是到企业总部去上课，这个班级里很多人，都与企业员工建立了长久而深厚的联系。陈××同学高考结束后，就向多位企业的好友咨询专业报考和职业规划，得到了让她满意的答案。

更重要的是一种面对未来的能力。如今的陈××同学忙于实习，她精细地规划着每一天的时间，她现在对创业兴趣十足，但在这个全新的领域，

"路演、计划书，获取投资，有太多新的东西需要学习了"。

未来书院成为明德培养在数理、科技等方面具有潜质的拔尖创新人才的摇篮。除此之外，学校还成立了荟文书院、博雅书院、奥体书院、四海书院，开发了独具特色的书院课程。

对于有志多元发展的学生来说，创新课程无意中"唤醒"他们另一条人生之路。2019届高三四班班主任郭堃钰记得，班里有一位学习十分刻苦，但成绩始终倒数第一的学生，通过企业提供的拓展课，走上艺考之路，并最终被四川电影电视学院录取。

时刻感受到变化的，则是学校的众多老师。明德创新中心副主任陶冶，博士就读于香港城市大学城市规划专业，他发现，从某种意义上来看，明德也是腾讯技术革新的一块试验田，"企业微信在学校管理信息整合的应用就诞生于明德"。

2019年底，明德建成了虚拟学校"海豚学院"和"明德B站"，并花了两年时间组织全校老师录制了7000多节微课，顺利应对了疫情下的教学挑战。明德全体在籍学生4000多人，但两个虚拟学校课程的全国访问量达到了300万人次。

这正是鲁江所倡导的"无围墙学校、无边界课程、无时限学习"。

在这种环境中成长的学生，有着极其灵敏的创新思维。最近，陶冶发现一位四年级的小学生，在任务众包网站里接了很多视频剪辑的活儿。

在一次全校升旗仪式后，鲁江决定和同学分享自己关于自由的思考。

"自由的本义是不受限制和束缚，因而成为人类追求的目标之一。但自由不是想做什么就做什么，自由不等于放任。"鲁江希望学生们明白，自由是有边界的，是以不妨碍他人自由为前提，不应只是服从于低级的欲望，"当个人的自由妨碍了别人的自由时，大家就都会失去自由，这样的自由实质上是自私的。因此，应把自由人格理解为：生活自主，行为自律，人格自强"。

一直以来，鲁江在面对众多挑战时，都在明确地拒绝某种二元对立，在他的观念里，黑白之间永远存在一个可供探索的灰色地带。陶冶曾揣测，鲁江并没有哪一位特别崇敬的教育家，"因为历史上任何一位教育家，都不会像今天的校长一样，面对一系列现代的、属于复杂系统内部的问题"。

每天早上7点，鲁江会准时出现在学校，在几栋教学楼里逐层巡查：墙体是否脱落，空调有没有关，学生有无异常，或者教室的窗帘是不是自然下垂，而非被捆成一个球。任何细节上的问题，他都要拍照，发到管理群里。

很多时候，鲁江扮演着一个中枢系统的角色，在注意到一些需要记忆的学科，学生学业成绩有较大波动时，他提醒学部调整每天早上的自习安排，把语文和英语的自习匀出几节给其他学科。

最为重要的是，他希望老师和家长不仅要看重学生现在的3年、6年，还要看学生未来的30年、60年。他不愿意教育成为一个短期的行业，他力图让教育成就一位学生的一生。

到底又该怎样形容明德呢？

吴××同学记得，有一天上语文课，压力太大，她忽然流起了眼泪。她摸了摸自己的脸，头也不回地跑进了厕所。她的举动让师生们都很诧异，有位女老师跑到厕所门口对她说："吴××同学，你怎么啦，快和老师说一说啊！"

吴××同学出来后，还是决定请假外出，她把假条交给王老师，上面写着"请假出去看电影"。王老师签了假条，告诉她："好好看。"

那个夜晚，吴××同学没有看上电影，她吃完炸鸡就快9点了，但她感觉十分幸福。

（发表于《南方周末》）